영어 native speaker의 이미지 감각을 알면 영어를 잘 할 수 있다!

이미지를 알면 영단어가 보인다

윤 재 성 지음

제일어학

이 책의 특징

영어를 잘하는 비법이 무엇이냐고 필자에 물어 본다면, 필자는 영어 표현(회화, 작문, 독해, 단어공부)에 영어 native speaker가 사용하는 이미지를 알면 된다는 점을 꼭 강조하고 싶다. 이미지를 통한 영어 공부는 다음과 같은 장점이 있다.

첫째, 단순한 암기가 아니라 이해를 하기 때문에 학습 효과가 높다.

둘째, 연상 작용에 의한 학습을 하기 때문에 쉽게 기억할 수 있다.

셋째, 이미지가 특별히 어려운 것이 아니라 우리 일상생활에 만연한 생활 그 자체에서 터득할 수 있다는 점이다.

넷째, 영어 native speaker의 이미지를 알아 놓으면 처음 보는 다양한 표현을 사전을 굳이 찾아보지 않더라도 문맥에 의해 단어의 의미를 정확히 알 수 있게 된다.

필자가 꼭 강조하는 것은 영어 공부는 암기가 아니라 영어 native speaker들이 가지고 있는 이미지 감각을 우리 한국인도 익혀 두어야 한다는 점이다.

"영어는 이미지이다"

이 책을 5년 동안 준비하면서 이미지에 관해 영어권 나라에서 출간되는 거의 모든 단행본, 해외 유명 학회지의 논문, 그리고 영어권에서 발행된 석사(박사)학위 등이 큰 도움이 되었음을 밝혀두면서 참고한 서적은 참고 문헌에 밝혀 두었다.

2004년 8월

지은이 씀

Contents

■ 영어를 잘하는 비결은?　　　　　　　　　　　　　　　　12

UNIT 1　음식(food) 이미지　　　　　　　　　　　31

swallow ingredient dilute water digest slice cook stew boil recipe roast spice bland dry peppery sweet bitter sour acid juicy wet heart sugar sweetie-pie sweet and sugar honey the cream in my coffee appetite drool sex-starved luscious dish cheese cake bum meat thirst hungry hunk food devour fishy stew

UNIT 2　방향(direction) 이미지　　　　　　　　　44

up down in out(of) front back close far from together lean leave come go wander straight level crook twist spin bias warp(distort) big tower less greate enormity little head and shoulder sizeable(massive) grown heavyweight tiny lightweight(thin, slight) over height above under decline inferior power(control) top upper(lower) downtrodden and oppressed hold seize grip handle pulling the strings helm steer rein ascent crest climbed(rose) peak(pinnacle) downfall crash topple nosedive bite the dust soar boost freefall plummet hover storm torrent shower rain pour(flood) deluge trickle stoop beneath abyss lofty

UNIT 3　여행(journey) 이미지　　　　　　　　　67

vehicle neutral coast brake steer route road avenue path step fast(slow)lane (super)highway travel arrive come set out go through uphill crossroad direction bumpy reach return head ground drift circle stepping short-cut

UNIT 4 몸(body) 이미지 — 80

body head face eye nose tooth tongue lip ear shoulder heart hand stomach guts blood bone skeleton backbone arm wing mouthpiece brain have want muscle elbow support lean prop shore

UNIT 5 그릇(container) 이미지 — 91

in reduce side full empty leave fill pour well overflow burst contain brim remain search fix stick open close content central hole peripheral core skirt

UNIT 6 마술(magic) 이미지 — 98

charm entrance bewitch spell spellbound hypnotize electricity gravitate spark attract magnetically revolve engulf immerse lust erection move

UNIT 7 보기(Seeing) 이미지 — 103

blind eye   see recognize know clear- sight foresee perception obvious clear transparent read grasp grips   grapple slippery hold bright brilliant shine outshine dazzle sparkle flash dull sharp razor- sharp cut dissect keen pointed incisive explore map approach guide navigate learn uncharted ground light enlighten illuminate dark shadowy dim cover hide conceal bury cloak shroud veil paper wrap blackout whitewash uncover reveal expose open leak spill

UNIT 8 기계(machine) 이미지 — 113

machinery workings mechanics mechanism mechanical engine engineer tick over wheel chain link tool lever hammer nail forge weld sharpen grind rusty fragile snap apparatus instrument clockwork cylinder

UNIT 9   불(fire) 이미지   122

fire heat hot torch burn flame   melt consume
kindle palpitation throb heartthrob blush   glow
intoxicate euphoric drunk high giddy crazy
insane wild rave flare boil   hotbed red
flush upset fill contain   brim build well
rise fume steam blow explode erupt inflammatory
smolder consume hysterical

UNIT 10   전쟁(war) 이미지   136

wage besiege campaign rout battle fight rally fleed
pursue fight ally conquer conquest ground win confront
enemy achieve minefield casualty march gun line defend
attack shot indefensible demolish conflict wipe

UNIT 11   병원(hospital) 이미지   144

healthy ills ailing disease symptom syndrome infectious contagious
fatal deadly pain hurt fever cancer headache rash cripple lame
limp wound bruise scar sick paralyze recover remedy dead listless
tired mend up rose fell under sink birth die

UNIT 12   컴퓨터(computer) 이미지   158

file memory ride cybertourist info-highway hunt trail track
hound swoop fish troll unearth light dig

UNIT 13   동물(animal) 이미지   162

jungle animal beast brute pet dog bitch hound cat kitten cow
pull pig sheep horse vermin ferret shrew hare squirrel
fox wolf bear dinosaur rat weasel bill coo lovebird nest
dove cricket clam horse crow carry transport ferocious fierce
arise monstrous hit rash tear gun beat knock overflow trick surge

UNIT 14 식물(plants) 이미지   179

plant vegetable mushroom seed   root   stem thorny branch flower
blossom   bloom   fruit cultivate prune crop rip dig weed hothouse
germinate sprout flourish wither wilt shrivel shade fade grow
fruition bud offshoot fertile reap

UNIT 15 빌딩(building) 이미지   194

build construct demolish cement tower ruin foundation wall roof
ceiling door back door key lock window gateway threshold
opening access bar bolt close barrier ground buttress underpin
explode corridor grass ceiling establish support abandon construction
blueprint architect edifice block crash

UNIT 16 돈(money) 이미지   207

spend use waste buy spare valuable profitable precious account
share slice bite swallow eat arrive pass face head approach
rich wealth treasure cut sharp keen style old hat chic sell
buy worthless valuable pool resourceful pile drown wade
snow swamp inundate bury immerse

UNIT 17 비행(flying) 이미지   215

soar climb plunge plummet tumble dip gallop stagger slide turbulence
free-fall soft-landing

UNIT 18 도박(gambling) 이미지   222

game toy chess pawn trump stalemate sports player marathon
sail hunt fish angling bait neck and neck gamble favorite odds
win loose field chance stake draw ace toss lose bluffing struggle
control   surrender overcome halt offer knock out beat thrash
annihilate batter hammer clobber smash   slaughter crush
hit blow reel   impact move touch upset stir bowl blow

injure hurt agony wrestle subdue yield appease fill creep
torment haunt sick insane engulf

UNIT 19 날씨(weather) 이미지   238

climate sunny frosty icy avalanche cloud shower fog
mist haze wind breeze hurricane storm lightning
thunder tempest cool cold chilly gloomy wet warm beam thaw

UNIT 20 이미지가 중요하다   247

- 이미지 목록 250
- TEST정답 256
- 연습문제 정답 256
- 참고문헌 260

T E S T

○ 괄호 안에 있는 두 단어 중 옳은 낱말을 고르시오.

1. He carries a (torch/flashlight) for her.
   그는 그 여자를 짝 사랑한다.

2. Thanks Shelly, you're always such a good (game/sport).
   감사합니다. Shelly. 당신은 정말 멋진 사람이다.

3. Our coach has a really (hot/cold) temper.
   우리 코치는 너무 쉽게 화를 낸다.

4. I met this really (cool/icy) girl last night.
   나는 지난밤에 멋진 소녀를 만났다.

5. The (hurricanes/winds) of change are sweeping away corruption.
   변화의 바람이 부패를 척결하고 있는 중이다.

6. He is her latest (fog/flame).
   그는 그 여자의 최근 연인이다.

7. The park is a (haven/desert) for tired shoppers.
   공원은 피곤한 구매자들의 안식처이다.

8. These are (weighty/light) matters.
   이것은 중대한 문제이다.

9. They will give just (sour/dry) scientific facts.
   그들은 단지 무미건조한 과학적 사실만을 제공 할 것이다.

10. She is the cream in my (apple/coffee).
    그 여자는 내 취향이다.

11. I went through the (roof/floor).
    나는 화가 났다.

12. He is as happy as a (clam/sheep).
    그는 행복하다.

13. Polls indicate that she (roofs / towers) over the party's other potential candidates in public fame.
    여론 조사에 따르면 그 여자는 대중들의 인기 면에서 그 정당의 다른 잠재적인 후보자들보다 인기가 높은 것으로 나타나고 있다.

14. This helped (buttress / underpin) his arguments.
    이것은 그의 논증을 지지하고 있다.

15. For the first time in months, my spirits (plummet / soared).
    몇 달 만에 기분이 좋았다.

16. The state government has set up a new (arm / body) to inspect nursing homes.
    그 주 정부는 양로원을 감독할 새로운 단체를 만들었다.

17. There is a (surge / drain) in the crowd.
    군중들이 늘어나고 있다.

18. Their romance (wilted / blossomed) on a trip to Key West.
    그들의 사랑은 Key West로 여행 했을 때 무르익었다.

19. A degree in economics opens the (key / door) to a number of interesting job opportunities.
    경제학 학위는 많은 흥미로운 직업 기회를 제공한다.

20. Prime minister (rides / drives) the info-highway.
    수상은 컴퓨터를 한다.

21. Homeless children were easy (prey / hound) for drug dealers in the capital.
    그 수도에서 부랑 아이들은 마약 거래자들의 손쉬운 이용 대상이었다.

22. Electing a president of a different party is regarded as the cure for all the nation's (ills / syndrome).
    다른 정당에서 대통령을 선출하는 일은 그 나라의 모든 병폐를 치료하는 것으로 여겨졌다.

23. The government is (entering / waging) war on drunken driving.
    그 정부는 음주 운전자와의 전쟁에 들어갔다.

24. English was clearly not his native (lip / tongue).
    영어는 그의 모국어가 아니다.

25. He could not (flow / contain) his joy any longer.
    그는 더 이상 기쁨을 감출 수가 없다.

26. She has a good (grasp / loose) of Japanese.
    그 여자는 일본어를 잘한다.

27. The baby (arrived / started) just after midnight.
    얘기가 어제 밤에 태어났다.

28. He (fell / rose) into a depression.
    우울증에 빠져 있다.

29. The president was given (red / green) carpet treatment.
    그 대통령은 환영을 받았다.

30. I've got the situation well (in / out of) hand.
    나는 그 상황을 완전히 알고 있다.

31. Are they on the (level / curve)? Can we trust them?
    그들은 솔직하니? 우리가 그를 믿어도 되느냐?

[정답은 256쪽 참조]

영어를 잘하는 비결은?

words bank

peach [piːtʃ] 복숭아, 훌륭한(멋진) 사람(것), 예쁜 소녀
　　a peach of a cook 훌륭한 요리사

pumpkin [pʌ́mpkin, pʌ́ŋkin] (서양) 호박, 대가리
　　a pumpkin pie 호박 파이

wolf [wulf] 이리, 여자 궁둥이를 쫓아다니며 유혹하는 사나이, 색마, 늑대, 지칠 줄 모르는 식욕
　　To mention the wolf's name is to see the same.
　　(속담) 호랑이도 제 말하면 온다.

fox [faks/fɔks] 수여우(암 여우는 vixen), 아주 멋진 젊은 여자
　　an old fox 교활한 사람

lift [lift] 들어올리다, (목소리를) 높이다, (기운을) 돋우다(up)

rise [raiz] 일어나다, (중요성 등이) 증대하다, (기분이) 나다

float [flout] 뜨다, 표류하다(drift), (기분이) 들뜨다
　　The canoe floated downstream.
　　통나무 배는 강 아래로 둥둥 떠내려갔다.
　　Romantic vision floated before my eyes.
　　로맨틱한 환상이 눈앞에 떠올랐다.

bright [brait] (반짝반짝) 빛나는, 머리가 좋은, 영리한, 원기 있는, 명랑한.
　　a bright day 쾌청한 날씨

rosy [róuzi] 장밋빛의, 유망한, 밝은, 낙관적인
　　a rosy future 밝은 미래　　rosy views 낙관론

beaming [bíːmiŋ] 빛나는, 밝은, 웃음을 띤, 기쁨에 넘친

dazzling [dǽzliŋ] 눈부신, 현혹적인
　　dazzling advertisement 현혹적인 광고

radiant [réidiənt] 빛나는, (행복・희망 따위로) 빛나는, 밝은
　　the radiant sun 찬란한 태양
　　The fields were radiant with early summer.
　　들판은 초여름 태양빛에 밝게 빛나고 있었다.

light [lait] 가벼운, (식사가) 담백한, (술·맥주가) 순한, (미음이) 쾌활한, 밝은
  a light task 편한 일   a light rain 가랑비
  a light sleep 옅은 잠, 선잠   light beer 순한 맥주

spry [sprai] 기운찬(brisk), 활발한(active), 민첩한(nimble)

alive [əláiv] 살아 있는, 활발한

charge [tʃɑːrdʒ] 짐, 화물, 충전, 요금, 즐거운 경험, 성적 흥분

animated [ǽnəmèitid] 힘찬, 싱싱한, 활기찬, 한창인, 만화 영화의
  an animated discussion(gesture) 활발한 토론(몸짓)

sink [siŋk] (무거운 것이) 가라앉다, 풀이 죽다

low [lou] 낮은(키·고도·온도·위도·평가 따위), (신분·태생이) 낮은(humble), 외설한, (기분이) 침울한(depressed), 기운이 없는, 의기소침한
  low temperature 저온   low atmospheric pressure 저기압
  a low talk 야비한 이야기

depth [depθ] 깊이, (학문 따위의) 심원함(profundity), 타락, (절망 등의) 구렁텅이
  a question of great depth 심오한 문제
  How could he sink to such depths?
  어쩌면 그토록 타락했을까

sail [seil] 항해하다, (세관·시험·곤란 등을) 쉽게 통과하다, 성취하다(through)

skate [skeit] 스케이트를 타다, (문제 등을) 조금 손대다

lost [lɑst] 잃은, 길을 잃은, 타락한, 어찌 할 바를 모르는(bewildered)
  a lost child 길

clean [kliːn] 깨끗한, 전과 없는, 정직한, 외설 되지 않은
  a clean sheet of paper 백지   a clean record 깨끗한 이력

pure [pjuər] 순수한, 맑은, 순결한, 죄짓지 않은, (여자가) 정숙한
  pure gold 순금

wipe [waip] 닦아 없애다, (치욕·오명 따위를) 씻다, (기억·생각 따위를) 씻어 버리다
  Wipe your eyes. 눈물을 닦아라.
  Wipe off the dust. 먼지를 훔쳐라.

wash [waʃ] 얼굴을 씻다, 세탁하다, 결백하게 하다

dirty [də́ːrti] 더러운, 음란한

squalid [skwάlid] 더러운, 비참한, 비열한

blood [blʌd] 피, 유혈(bloodshed), 살인(murder)

stain [stein] 더럼, 얼룩, 오점
    a stain on one's reputation 명성의 흠

blot [blɔt] (잉크 등의) 얼룩, (인격·명성 등의) 흠, 오점, 오명

nest [nest] 둥우리(주로 새·벌레·물고기·거북 따위의), 안식처, 휴식소
    a nest of crime 범죄의 온상

home [houm] 가정, 원산지, 서식지(habitat), (자기 집 같은) 안식처

niche [nitʃ] 벽감(조각품 등을 놓는), (수익 가능성이 높은) 특정 시장 분야, 시장의 '구멍'

heaven [hévən] 하늘, 낙원
    She is in heaven. 그녀는 매우 행복하다.
    This is a heaven on earth. 이곳은 지상의 낙원이다.

wilderness [wildəːrnis] 황야

minefield [máinfìːld] 지뢰 밭, 숨겨진 위험이 많은 곳

tight [tait] 단단한, (미소 등이) 굳은, 딱딱한, (입장 따위가) 꼼짝할 수 없는, 곤란한

stumble [stʌ́mb-əl] (실족하여) 넘어지다, 실수하다, 잘못하다, (도덕상의) 죄를 범하다, 말을 더듬다
    He stumbled into the room.
    비틀거리며 그는 방으로 들어갔다.

trip [trip] 헛디디다, 과실을 저지르다, 실책을 하다, 말을 더듬다

fumble [fʌ́mb-əl] 만지작거리다, 말을 더듬다, 실수하다
    He fumbled about trying to find his lighter in the dark.
    그는 어둠 속에서 라이터를 찾으려고 더듬거렸다.

영어를 잘 하기 위해서는 영어 native speaker가 가지고 있는 이미지 감각을 알면 영어 공부 할 필요 없다고 필자는 생각한다. 그래서 이 책은 영어 원어민들이 구사하는 이미지를 설명하고자 한다.
이미지(image)는 쉽게 표현하여 머릿속에 연상되는 그림으로 생각하면 된다.

Peaches are grown and exported from warm countries.
복숭아는 따듯한 나라에서 재배되어 수출이 된다.

위에서 peach는 우리가 일상생활에서 먹는 과일 중의 하나인 '복숭아'이다. peach의 단어 의미가 '복숭아'만 있는 것 아니다.

She's a real peach.

'그 여자는 복숭아'라는 말이 아니다. peach가 복숭아라는 뜻은 peach의 의미를 직접적으로 표현 한 것이다. 위 문장에서는 peach는 직접적인 의미가 아니라 간접적으로 돌려 표현되고 있고, 그 의미는 '아가씨'라는 뜻이어서 '그 여자는 정말 멋진 여자이다'이다.
그럼 왜 아가씨를 나타내기 위하여 peach라고 하는가? 복숭아의 붉은 색과 아가씨의 얼굴에 나타나는 수줍어하는 홍조의 유사함 때문이다. 영어는 아가씨를 복숭아에 비유하고 있지만, 우리말에 "그 여자는 복숭아"라는 말은 없는 것을 보면 영어와 한국어는 차이가 있다는 것을 알 수 있다.
영어 native speaker는 복숭아의 붉은 이미지를 아가씨의 홍조와의 유사성을 비교하여 사람을 식물에 비유하는 이미지를 가지고 있기 때문이다. 사람을 식물에 비유하는 경우는 영어 표현에 만연해 있다.
필자가 이 책을 저술하면서 여러 자료들을 조사해보면 영어 표현의 50%이상이고 이런 이미지를 이해하여만 영어 독해, 작문, 회화를 잘 할 수 있다.
필자가 꼭 강조하고 싶은 것은 영어는 외우는 것이 아니라 이미지라는 점이다. 이 책 한권을 읽으면 영어의 이미지를 저절로 이해 할 수 있고 영어 native speaker의 이미지를 거의 완전히 알 수 있게 된다. '복숭아'만 인간을 나타내는데 쓰이는 것은 아니다.

To celebrate Halloween, people remove the inside of a pumpkin and make the shell into a light by putting a candle inside.
할로윈을 축하하기 위하여 사람들은 호박 안을 파내고 그 안에 촛불을 꼽고 불을 밝혔다.

위에서 pumpkin은 우리가 잘 알고 있는 '호박 등(jack-o'-lantern)'을 만들기 위한 호박이다.

He is a **pumpkin head**.

pumpkin head가 무슨 말일까? 그대로 단어를 옮기면 '호박머리'인데 영어를 잘 알고 있지 않은 사람에게 위 문장은 생소하다. 우리나라에서는 머리가 좋지 않은 사람을 '돌 머리'라고 표현한다. 돌의 단단함을 머리가 좋지 않은 사람에 비교하고 있다. 그러나 영어 native speaker는 peach에서 보듯이 사람을 식물에 비교한다. 그래서 위 문장은 '그 사람은 머리가 좋지 않다'는 뜻이다. 곧, 한국말의 '돌 머리'를 영어로 표현하면 'stone head'는 틀린 표현이고, 'pumpkin head'라고 해야 한다.

지금까지 우리는 영어 native speaker는 사람을 식물에 비교하여 아가씨는 peach이고 머리가 좋지 않은 경우는 할로윈 날 속을 파내는 호박처럼 머리가 좋지 않은 사람은 머리 속이 비어 있는 이미지 때문에 stone head가 아니라 pumpkin head라고 표현하는 것을 보았다.

사람을 식물 이미지에 비교할 뿐만 아니라 다음처럼 native speaker는 사람을 동물에 비교하기도 한다.

As we sat round the campfire, we could hear wolves howling in the distance.
우리가 캠프파이어에 앉았을 때, 우리는 멀리서 늑대 울음소리를 들을 수 있었다.

wolf는 동물 중에서도 사나운 짐승중의 한 마리이다. 어떤 미국인 남자가 여자만 밝히는 '호색한'이라고 해보자. 그 사람을 직접적으로 이런 나쁜 점을 말하기는 어렵기 때문에 영어는 다음처럼 돌려 간접적으로 그 사람의 나쁜 점을 표현한다.

He had the reputation of being a bit of a **wolf**.
그는 많은 여자와 섹스를 하는 남자이다.

위 문장은 다음표현을 대신하고 있다.

He was a man who tries to have sex with many women.

남자를 '늑대'라고 한다면 여자는 다음처럼 '여우'라고 표현한다.

John's girlfriend is quite a **fox**, isn't she?
John의 여자 친구는 아주 성적 매력이 있는 사람이지, 그렇지?

우리말도 남자는 '늑대'이고 여자는 '여우'이다. 영어도 인간을 동물에 비교하고 있다. 여기서 필자가 강조하고 싶은 점은 한국인은 영어가 한국어와는 아주 다른 체계라고 생각한다. 그러나 필지가 그동안 영어를 연구하면서 영어와 한국어는 공통점과 차이점이 있다는 점이다. 그래서 영어와 한국어의 차이점을 중점적으로 이해를 할 필요가 있을 것이다. 이 책에서는 영어 native speak의 이미지를 알면 영어를 쉽게 표현 할 수 있는 능력이 생기게 될 것이다.

미국 사람들이 가장 많이 사용하는 표현 중 이 책을 통해 미국 native speaker가 가지고 있는 이미지를 통해 미국인의 사고방식과 미국 문화를 함께 이해 할 수 있었으면 하는 바람이다.

지금부터 세부적인 이미지들을 자세히 알아보자.

행복한 기분 혹은 희망은 높은 상태 혹은 높은 곳으로 움직이는 이미지이다. 하지만 불행하거나 기분이 좋지 않은 것은 아래로 떨어지는 이미지이다. 그래서 기분이 좋으면 I am feeling up이라고 하고 기분이 좋지 않으면 I am feeling down이라고 한다.

 행복

HAPPY IS UP
행복은 UP이다

행복은 위로 이동 혹은 위에 있는 상태로 이미지화 된다.

up

Things are looking up.
상황이 호전되고 있다.

Cheer up!
기운 내!

전치사 up은 위로 이동을 나타낸다.

lift, rose, booted

The news lifted her spirits.
그 소식을 듣고 그 여자는 기분이 좋았다.

My spirits rose when I got her letter.
내가 그 여자의 편지를 받았을 때 기분이 좋았다.

동사(lift, rose)는 위로 이동을 나타낸다.

high

He is in high position.
사기가 높다.

형용사(high)는 위에 있는 상태를 나타낸다. 이 책에서 색으로 표시된 단어에 이미지가 적용되었음을 나타낸다.

BEING HAPPY IS BEING IN HEAVEN
행복한 것은 하늘에 있는 것이다

After the exam, I was walking on air for days.
시험을 본 후 나는 며칠 동안 기분이 좋았다.

I've been floating on air ever since.
나는 그때 이후로 기분이 좋았다.

She's on top of the world / on cloud nine.
그 여자는 기분이 좋았다.

I was in seventh heaven.
나는 기분이 좋았다.

위 표현들은 행복한 것을 천국, 구름 위에 있는 것에 비유하고 있다. 영어는 다음과 같은 표현도 자주 쓰인다.

It was paradise on earth.
지상낙원이다.

HAPPINESS IS LIGHT
행복은 빛이다

행복과 희망은 밝은 빛(색깔)이고, 슬픔과 희망이 보이지 않는 경우는 어두움 혹은 어두운 색의 이미지이다. 위로의 이동 이미지 이외에 희망은 다음처럼 밝은 빛(색)으로 이미지화 된다.

The future looks very bright / rosy.
미래는 전망이 밝다.

She brightened up when she heard the news.
그 여자는 그 소식을 듣고서 기분이 좋았다.

They had shining eyes and beaming / dazzling smiles.
그들은 빛나는 눈과 화사한 미소를 지었다.

The bride looked radiant.
신부는 희망에 차 있는 모습이었다.

You have to look for the light at the end of the tunnel.
터널 끝에서 빛을 찾아야만 한다.

He radiates joy.
그는 기쁨에 넘쳤다.

다른 사람이 행복을 주는 경우 영어는 빛(light)을 밝혀주는 것으로 본다.

He lights up my life.
그는 내 인생의 등불이다.

HAPPINESS IS VITALITY
행복은 활기이다

행복은 침체된 것이 아니라 활기를 띄는 이미지이다.

She is feeling spry.
그 여자는 활발하다.

She is alive with joy.
그 여자는 활발하다.

I got a big charge out of it.
나는 그것 때문에 큰 즐거움을 가졌다.

He is animated with joy.
그는 활기차다.

 슬픔

SAD IS DOWN
슬픔은 아래이다

슬픔은 아래로 이동 혹은 아래에 있는 이미지이다.

He fell into a depression.
우울증에 빠져 있다.
His spirits sank.
그는 의욕이 떨어졌다.

He's in very low spirits.
그는 기분이 안 좋다.

I feel really down / low about it all.
나는 그것 때문에 정말로 기분이 좋지 않다.

She is depressed.
기분이 우울하다.

He's in the depths of despair.
그는 절망의 깊은 나락에 있다.

슬픔이 위 예들처럼 아래 방향으로 이동의 이미지 이외에 다음처럼 어두운 빛(색)으로 이미지화 된다.

He was in a black mood.
그는 기분이 안 좋다.

I was feeling blue.
나는 기분이 우울하다.

His face darkened.
그의 안색이 흐려지다.

They led a gray empty existence.
그들은 쓸쓸하고 공허한 삶을 살았다.

I'm afraid the outlook is very gloomy / bleak.
나는 전망이 불투명하다고 생각한다.

The news cast a shadow over the evening.
그 소식 때문에 저녁 내내 우울했다.

색은 어떤 이미지를 가지고 있는지 알아보자. 각각의 색마다 긍정과 부정의 이미지가 있다.

black
① 나쁘고 슬픈 것과 관련
② 분노를 표현
③ 유쾌하지 않은 일
④ 악하고 잔인한 사건

It's a black day for the automobile industry.
자동차 산업에는 좋지 않은 날이었다.

white
① 화가 나거나 아픈 이유 때문에 창백함
② 완전히 정직함을 나타냄
③ 사무직 관리자(white collar)

She suddenly turned deathly white and fainted.
그 여자는 얼굴이 창백해졌다.

green
① 환경 보호
② 경험이 없음
③ 현기증 : look green
④ 질투 : green with envy

Green campaigners are aiming to block development of the site.
환경 보호가들은 그 장소의 개발을 차단하는데 목적이 있다.

He pledged to make Europe greener.
그는 유럽을 더 푸르게 할 것을 약속했다.

이들 낱말 이외에 다음 색깔들의 암시도 알아보자.

blue

우울 : feel blue
섹스와 관련된 : blue movie, blue joke
육체적(노련하지 못함) : blue-collar workers

red

분노 : see red
위험 : red alert / a red flag
특별대우 : a red carpet

The president was given red carpet treatment.
그 대통령은 환영을 받았다.

grey

명료하지 않음 : grey area
뇌 : grey matter, grey cells

bright

❶ 지성적임
❷ 명랑함
❸ 성공 가능성이 있음

She's bright enough to know that this is a very good offer.
그 여자는 이것이 아주 좋은 제안이라는 것을 알 만큼 총명하다.

Whose bright idea was that, then?
그 좋은 생각은 누구의 발상이니?

The team's prospects don't look very bright.
그 팀의 전망이 그리 밝은 편이 아니다.

shine

① 매력적임
② 행복함
③ 노련함

Her hair shone like gold.
그 여자의 머리카락은 금빛으로 빛났다.

It's time we gave some of the younger players a chance to shine.
우리는 젊은 운동선수 몇 사람에게 빛을 발할 시간을 주어야 할 시간이다.

Perlman's musical talents shone through at an early age.
Perlman의 사람의 음악적 재능은 어린 시절부터 빛났다.

She gave him a bright smile.
그 여자는 그에게 화사한 미소를 보냈다.

dark

위험스러움을 나타낸다.

I always suspected there was a darker side to his character.
나는 항상 그의 성격에는 어두운 면이 있다는 것을 의심했다.

shadow

건강하지 않음과 특정한 상황에 의해 야기된 슬픔, 어려움, 그리고 문제 등을 의미한다.

After his illness, John was a mere shadow of his former self.
그가 아픈 이후 John은 이전의 자신의 자아의 그림자에 불과했다.

다음 예문들에 있는 굵은 활자를 보면 공통적인 이미지가 연상이 될 것이다.

The students all **sailed** through their exam.
학생들은 시험을 쉽게 통과했다.

Politicians often **skate** around a subject.
정치가들은 직접적으로 이야기 하지 않는다.

The two main parties in the election are still **neck and neck** in the opinion polls.
그 두 정당은 여론조사에서 서로 우열을 가리기가 힘이 든다.

The new EU laws aim to provide a **level playing field** for all member states.
새로운 유럽 연합 법은 모든 나라에 균등한 기회(상황)를 주는 것을 목적으로 하고 있다.

My boss seem to be **moving the goalposts**, which makes it very difficult to know what he wants.
내 사장은 항상 규칙을 바꾸어서 그가 무엇을 원하는지 아는 것이 어렵다.

I **scored an own goal**.
나는 상황을 엉망으로 만들었다.

위의 예문들은 단어 sail, skate, neck and neck, level play field, goalpost, goal은 운동(sports)과 관련된 이미지이다.

다음은 의료(medical)와 관련이 된 이미지를 사용하고 있는 예문들이다.
사회의 문제점을 이야기 할 때 symptom이란 단어가 자주 쓰인다.

The current spate of car thefts is a **symptom** of a deeper underlying problem.
현재 차량도난이 많은 것은 심각한 문제이다.

This behavior is **symptomatic** of his general lack of self-confidence.
이 행동은 자신감의 결여를 나타낸다.

The economy has been **ailing** for some time, but it is hoped that new government will improve things.
경제가 한동안 좋지 않지만 새 정부가 상황을 호전 시킬 것이다.

우리 몸에 흉터가 있으면 평생 동안 신경을 쓰는 것처럼 부정적인 경험에 의해 영구히 영향을 받을 경우는 다음처럼 scar을 쓴다.

I am afraid that children will always be scarred by having experienced war at so young an age.
나는 어린아이가 그렇게 적은 나이에 전쟁 경험이 상처로 남을 것 같이 걱정이다.

이 책에서는 이미지가 공통으로 적용이 된 예를 모아, 식물 이미지, 동물 이미지등 으로 크게 구분하여 놓았다.

영어 원어민들은 혼동이 되는 경우 잘못된 장소 혹은 위치에 있다고 이미지화된 표현을 쓴다. 또는 잃어버린 것으로 개념화가 된다.

You've lost me. What do you mean?
당신은 내 말을 못 들었는데, 당신의 의도는 무엇이냐?

I was completely at sea : it was all so new to me.
나는 어찌할 바를 몰랐다. 그것은 내게 생소하다.

I felt adrift and alone, with no real sense of direction.
나는 방향감각을 상실하고 헤매었다.

I seem to have lost my bearings.
나는 어찌 할 바를 모르다.

I don't know if I'm coming or going.
나는 모면할 수 있는지 없는지 잘 모르겠다.

순수한 것은 깨끗하고 죄는 더러운 것으로 이미지화된다. 그리고 좀더 도덕적으로 되거나 혹은 죄에서 벗어나는 경우는 씻기(washing)로 개념화된다.

 정직

INNOCENT IS CLEAN : SIN IS DIRTY
정직은 순수하고 죄는 더럽다

He made a clean breast of it.
그는 정직하다.

Her motives were pure, though nobody believed her.
어떤 누구도 그 여자를 믿지 않는다 할지라도 그 여자의 동기는 순수하다.

My conscience is clear.
내 양심은 깨끗하다.

They have a spotless reputation.
그들은 명망이 높다.

You had better clean up your act.
당신은 행동을 잘 하는 편이 좋다.

Let's wipe the slate clean and start again.
새 출발하자.

They washed their hands of the whole business.
그들은 사업에서 손을 떼었다.

 의

That was a very dirty trick.
그것은 비열한 방법이다.

I don't want to know about your squalid activities.
나는 당신의 비참한 행동에 대한 알고 싶지 않다.

Those with blood on their hands must be punished.
살인을 저지른 사람은 처벌받아야만 한다.

It is yet another stain / blot on his character.
그의 성격에는 또 다른 문제가 있다.

즐겁고 행복한 상황은 집처럼 안전한 장소에 있고, 좋지 않은 상황에 있을 경우는 위험한 장소에 있는 것으로 이미지화된다.

**A HAPPY SITUATION IS SAFE :
A BAD SITUATION IS DANGEROUS**
행복한 상황은 안전하고 좋지 않은 상황은 위험하다

상황과 일이란 명사 앞에 전치사 in을 사용하고 있다.

We are in a situation where there are no real winners.
우리는 진짜 승리자가 없는 상황에 있다.

편안함을 느끼는 장소는 다음처럼 nest, home, haven(항구)으로 표현된다.

It was time for her to leave the family nest.
그 여자가 가족의 품을 떠날 시간이다.

I've felt at home since the moment I started working here.
내가 여기에서 일을 한 이후로 편안함을 느낀다.

He carved out a niche for himself within the company.
그는 그 회사에서 자신을 뽐어 나갔다.

The park is a haven for tired shoppers.
그 공원은 피곤한 구매자들의 안식처이다.

편하지 않은 장소는 사막, 정글, 황무지, 그리고 지뢰 밭 등으로 표현된다.

This town has always been a cultural desert.
이 도시에서 문화 혜택을 받을 수 없다.

That part of the city is nothing but a concrete jungle.
그 도시의 그 부분은 단지 콘크리트 숲에 불과하다.

He spent many years in the political wilderness.
그는 정치적인 혼란 속에서 수년을 보냈다.

This is a potential minefield for beginners.
이것은 초보자에게 잠재적으로 위험이 많은 곳이다.

We have a very rocky road to travel.
우리는 울퉁불퉁한 길을 여행했다.

We were left high and dry when they withdrew our funding.
우리는 그들이 우리의 돈을 인출 했을 때 어려움에 처했다.

He's in a tight spot.
우리는 곤란한 상황에 있다.

 실수

실수(mistake)를 하는 것도 아래로 넘어지거나, 발을 헛딛거나, 그리고 물건을 아래로 떨어뜨리는 것으로 이미지화 된다.

She stumbled over the speech.
그 여자는 말을 더듬었다.

You tripped up : what were you thinking of?
당신은 말을 더듬는데 무슨 생각을 하고 있느냐?

I fell flat on my face the last time I tried.
내가 시도는 했지만 실패로 끝났다.

She didn't take a single wrong step.
그 여자는 발을 헛딛지 않았다.

I was completely wrong- footed.
나는 완전히 발을 잘못 내딛었다.

He fumbled for something useful to say.
그는 말할 것을 하지 못했다.

They made a clumsy attempt to improve the situation.
그들은 그 상황을 개선하기 위하여 서투른 시도를 했다.

It was a slip of the tongue.
말 실수를 하다.

연습문제

1. 다음의 보기에 있는 단어를 이용하여 밑줄을 채워보라.

   paralysed   ailing   fatal   rash   disease   prognosis   fever   contagious

   The country has been _____ by the latest subway strike, with no subway services at all running today. The subway service has been _____ for some time, but if today's action is prolonged it may prove _____ to the industry. The minister for Transport commented, 'The country has been suffering from a _____ local strikes since the first one in Seoul last month. It was a _____ and one strike ledto another. Things reached _____ pitch last week and we can only hope that this _____ will come to an end soon.' The minister's _____ is that things will only start to improve once people appreciate the seriousness of the situation.

2. 상황과 옳은 반응을 연결하라.

   _상황_

   1. That child looks a bit green.

   2. He is always in a blue mood these days.

   3. That TV programme always makes him see red.

   4. It is a bit of grey area, isn't it?

   5. They seem to be trying to blacken this name.

   6. Do you like white knuckle rides?

   7. White-collar workers earn more.

   8. They are going to vote for the Green.

_반응

    a. No, they make me feel sick

    b. Yes, it is not at all clear what we should do.

    c. Yes, but they need qualifications.

    d. I think he is going to be sick.

    e. Yes, they want to do their bit for the environment.

    f. Yes, he can't stand the presence.

    g. Yes, Ever since his wife left him.

    h. I wonder what they have got against him?

3. 두 단어 중 옳은 단어는 무엇인가?

    a. She gave him a bright / dark smile.

    b. I'm afraid the outlook is very dismal / bright.

    c. There's no point in having these dark / white thoughts.

    d. My heart sank / rose when I saw him.

    e. They looked very down / up in the dumps.

    f. His face lit up / down when he saw them.

unit 1
Food 음식 Image
words bank

swallow [swɑ́lou] 꿀꺽 삼키다, 경솔히 믿다, 참다
　　Swallow it down and have another.
　　그걸 들이켜고 한 잔 더 해라.

ingredient [ingríːdiənt] 성분 (요리)재료, 구성요소, 요인
　　the ingredients of making a cake 케이크를 만드는 데 필요한 재료

dilute [dilúːt, dai-] 물을 타다, 힘을 약하게 하다
　　dilute wine with water 포도주를 물로 희석하다

water [wɔ́ːtər] 물을 끼얹다, (동물에) 물을 먹이다, 눈물이 나다
　　water the lawn (the street) 잔디(가로)에 물을 뿌리다

digest [didʒést] 소화하다, 이해하다, 요약하다
　　This food digests well/ill.
　　이 음식물은 소화가 잘(안) 된다.

slice [slais] (빵·햄 따위의) 얇은 조각, 부분(part), 몫(share)
　　a slice of land 토지의 한 부분

cook [kuk] 요리하다, (장부·이야기 따위를) 조작하다, 속이다

stew [stjuː] 뭉근한 불로 끓이다, 마음 졸이게 하다

boil [bɔil] 끓다, (사람이) 격분하다

recipe [résəpiː] (약제 등의) 처방(전), (요리의) 조리법, 비법
　　Give me the recipe for this cake.
　　이 케이크 만드는 법을 가르쳐 주시오.

roast [roust] (고기를) 굽다, 조롱하다
　　She roasted her hands over the fire.
　　그녀는 손을 불에 쬐어 녹였다.

spice [spais] 양념, 취향, 묘미

bland [blænd] (기후가) 온화한(mild), (말·태도가) 온후한, (약·담배 따위가) 순한, 재미없는

dry [drai] 마른, 무미건조한

peppery [pépəri] 후추의, 신랄한, 통렬한, 성급한

sweet [swiːt] 달콤한, 즐거운, 예쁜, 귀여운

bitter [bítər] 쓴, 호된, 괴로운
　　　　　　　bitter winter 혹한

sour [sáuər] 시어진, 불법의, 부도덕한

acid [ǽsid] 신, 신랄한

juicy [dʒúːsi] 즙이 많은, 재미있는, 활기 있는(lively), 매력적인

wet [wet] 젖은, 감상적인, 화난

heart [hɑːrt] 심장, 애정, 중심

sugar [ʃúgər] 설탕, 달콤한 말, 여보(darling, honey)

appetite [ǽpitàit] 식욕, 욕구

drool [druːl] 침을 흘리다,(여자나 새 차 따위를 보고) 군침을 흘리다, 함부로 좋아하다.

luscious [lʌ́ʃəs] 감미로운, (여자가) 관능적

dish [diʃ] (깊은) 접시, 귀여운 여자

cheese [tʃiːz] 치즈, 매력적인 여자

cake [keik] 케이크, 섹시한 여성

bum [bʌm] 부랑자, 녀석(guy)

meat [miːt] 고기, 매력적인 남자, 여자

thirst [θəːrst] 갈증, 열망

hungry [hʌ́ŋgri] 배고픈, 원하는

hunk [hʌŋk] (빵 따위의) 큰 덩어리, 멋진 남자, 여자

food [fuːd] 식품, 정신적 양식

devour [diváuər] 게걸스럽게 먹다, 삼켜 버리다, 열중케 하다

fishy [fíʃi] 물고기 같은, 흐린, 수상한

digest
어려운 정보를 이해하는 것을 말한다.

There was a pause while she digested this piece of news.
그 여자는 잠깐 동안 그 소식을 이해하였다.

swallow

❶ 믿을 수 없는 경우

I found the movie's ending a bit hard to swallow.
나는 그 영화의 끝 부분을 믿을 수가 없다.

❷ 작은 회사나 나라를 통제하는 경우에도 쓰인다.

The company was swallowed up in a corporate merger.
그 회사는 회사 통합을 하는 사람들의 희생양이 되었다.

❸ 돈이나 시간 그리고 노력이 들어가는 경우

Campaigning swallows up a lot of time without guaranteeing success.
그 캠페인은 성공을 보장하지 않고 단지 시간만 잡아먹는다.

❹ 어떤 것을 완전히 파괴하거나 사라지게 하는 경우

The whole building was swallowed up by the flames.
화재 때문에 그 건물은 전소되었다.

recipe
어떤 일이 반드시 생기게 하는 요소나 환경을 말한다.

Giving your kids too much freedom can be a recipe for disaster.
어린이들에게 많은 자유를 주면 좋지 않은 일이 생길 수 있다.

ingredient
특정한 상황이나 결과를 야기하는 것을 말한다.

Good communication is an essential ingredient of good management.
경영에서 많은 대화는 필수 요소이다.

slice

어떤 일의 일부분을 말한다.

> We're working hard to get a bigger slice of the tourist trade.
> 여행업에서 많은 이익을 차지하기 위해 우리는 열심히 일하고 있는 중이다.

water

특정한 상황을 의미한다.

> There seemed to be stormy waters ahead for the Bush administration.
> 앞으로 부시 행정부에 좋지 않을 일이 있을 것 같다.

dilute

덜 강하고 덜 효과적인 방법을 말한다.

> Nervousness diluted her excitement slightly.
> 그녀는 흥분해서 초초함을 약간 누그러뜨릴 수 있었다.

cook

어떤 일을 조작해서 다른 사람들이 믿도록 하는 경우이다.

> She had cooked up some fantastic story.
> 그 여자는 약간 환상적인 이야기를 조작했다.

stew는 고기 등을 서서히 요리하는 기본 뜻에서 장기간 동안 어떤 일에 대해 계속 조작하는 경우에 사용된다.

boil

아주 강한 불에 음식 혹은 액체를 가열하기 때문에 아주 강한 부정적인 감정을 표현하는 경우이다.

> He boiled with frustration.
> 그는 좌절해서 화가 났다.

simmer는 boil가 의미가 유사하지만 아주 강한 부정적인 의미를 담고 있다.

roast
다른 사람을 비난하는 경우이다.
> Mattie would have roasted him in front of all the others.
> Mattie는 다른 사람들 앞에서 그를 비난 했었을 수도 있다.

grill
다른 사람을 지속적으로 신문하거나 괴롭히는 경우에 사용된다.
> The police grilled her for hours.
> 경찰이 그 여자를 수 시간동안 심문했다.

spice
흥미롭고 재미있는 상황을 가리킨다.
> His absence from home may have added spice to their marriage.
> 그가 집에 없어 그들의 결혼 생활은 활력을 찾았다.

bland
spice와는 다르게 무덤덤하고 지겨운 상태를 나타낸다.
> He is pleasant and bland.
> 그는 상냥하지만 무덤덤한 성격이다.

dry
무미건조한 흥미롭지 않은 상황이나 사건을 나타낸다.
> They will give just dry scientific facts.
> 그들은 단지 무미건조한 과학적 사실만을 제공 할 것이다.

peppery
쉽게 초조해지거나 불평을 늘어놓은 노인 분들을 의미한다.
> She was a peppery old woman.
> 그 여자는 불평만 늘어놓는 할머니이다.

sweet

유쾌하면서 호소력이 있는 사람이나 행동을 나타낸다.
> He was a handsome, sweet boy.
> 그는 명랑하면서 미남이다.

bitter

부정적인 상황이나 감정을 나타낸다.
> It left me feeling very bitter against the man.
> 그것 때문에 나는 그 남자에 대해 아주 반감을 가졌다.

sour

bitter의 의미와 더불어 불행스러운 상태도 표현한다.
> She was a sour and cruel lady.
> 그 여자는 심술궂으면서 잔인한 여자이다.

acid

연설 혹은 말이 독설적이고 의도적으로 다른 사람을 비난하는 경우이다.
> His voice changed, became acid with hatred.
> 그의 목소리는 변하면서 증오에 찼다.

juicy

재미있고 흥미로운 정보를 말한다.
> It caused some juicy gossip for a few weeks.
> 그것은 수 주 동안 약간의 흥미로운 이야기 거리였다.

음식과 관련된 이미지를 알아보자.

> **LOVE IS A NUTRIENT**
> 사랑의 대상은 음식이다

영어는 사랑하는 연인을 음식에 비교한다.
> Hi, sweet heart / sugar / sweetie-pie.
> 안녕, 자기

> She is my sweet and sugar.
> 그 여자는 내 애인이다.

Honey, you look great today.
자기, 오늘 멋지다.

커피를 마실 때 '프림'을 넣지 않고 마시는 분들도 있지만 일반적으로는 커피에 '프림'을 넣기 때문에 the cream in one's coffee는 '좋아하는 사람(물건)'이란 뜻이 된다.

She is the cream in my coffee.
그 여자는 내 취향이다.

두 남녀가 서로 좋아하게 되면 신체적인 접촉을 하는 것은 당연지사. 상대방에 대한 성적 요구를 음식을 먹고 싶은 경우에 비교하여 표현된다. 우리말에도 '그 여자 참 먹음직하게 생겼다'는 표현이 자주 쓰이는데 영어는 어떤 표현들이 있는지 알아보자.

She has a remarkable sexual appetites.
그 여자는 성욕이 강하다.

She had him drooling.
그 여자는 그 남자를 보기만 하면 군침을 흘린다.

She is sex-starved.
그 여자는 색골이다.

She looks luscious.
그 여자는 먹음직스럽게 보인다.

She is quite a dish.
그 여자는 먹음직스럽게 보인다.

He had kisses sweeter than wine.
그의 키스는 포도주보다 달콤했다.

다음에서도 음식에 비유를 하여 상대방에 대한 성적 요구를 표현하고 있다.

Let's see some cheese cake.
치즈 케이크(매력적인 여자)를 봅시다.

Look at those bums.
색녀(엉덩이)를 보아라.

What a piece of meat!
한점의 고기이군!

meat는 (성적 대상으로서의) 여자를 가리킨다.

I thirst for your kisses.
나는 당신의 키스에 목말라있다.

I hungry for your touch.
당신의 손길에 굶주려 있다.

He is a real hunk.
그는 진짜 빵이다.

hunk는 (빵, 고기)조각으로 미국 영어에서는 섹시한 남자를 가리킨다.

영어는 여자뿐만 아니라 남자도 음식 중 특히 치즈케이크와 빵으로 표현되는데, 과일로 남성을 표현하는 것 같지는 않다. 우리말은 남성을 음식으로 비유하는 경우가 없는 이유는 한국이 미국보다는 아직도 남성중심의 사회이기 때문이다. 우리말은 '그 여자를 따 먹었다'는 표현처럼 주로 과일에 여성을 비유하고 있다. 성적 대상으로 바라보다 결국은 서로의 애정을 확인하는 단계에 이르는 경우에 해당하는 표현을 알아보자.

He embraced her tenderly.
그 여자를 다정하게 껴안았다.

She hold him to her bosom.
그 여자는 그 남자를 안았다.

He caressed her gently.
그는 그 여자를 다정하게 애무했다.

It was a fond embrace.
다정한 포옹이었다.

He showed her with kisses.
그는 그 여자에게 키스를 퍼부었다.

사랑하는 연인을 음식 이외에 귀중품으로 보아 다음과 같은 표현을 하게 된다.

THE OBJECT OF LOVE IS A VALUABLE OBJECT
사랑의 대상은 귀중품이다

Hello, my precious!
이봐, 나의 귀염둥이!

We have to leave now, my dear.
자기야, 지금 가야만 한다.

You are my treasure.
당신은 나의 모든 것.

사랑을 얻기 위하여 온갖 아부를 다하여 심지어는 신적인 존재로까지 연인을 승화시키는데, 여기에 해당하는 영어 표현을 알아보자.

THE OBJECT OF LOVE IS A GOD
사랑의 대상은 신이다

I adore you.
나는 당신을 숭배한다.

She loves the air he breathe.
그 여자는 그를 흠모한다.

He worships the ground she walks on.
그 여자는 그를 흠모한다.

사랑하는 사람이 내쉬는 숨결과 연인이 밟고 지나가는 땅마저 숭배하는 것으로 표현하고 있다.

He put on her on pedestal.
그 여자는 그를 흠모한다.

He devoted himself to her entirely.
그는 그 여자에게 헌신했다.

He fell on his knees before her.
그녀 앞에 무릎을 꿇고 간청했다.

또한 다음처럼 사랑하는 사람을 어린아이로 볼 수도 있고, 때로는 주인으로 표현하기도 한다.

THE OBJECT OF LOVE IS A SMALL CHILD
사랑의 대상은 아이 / 주인이다

Well, baby, what are we gonna do?
자기, 우리는 무엇을 해야 하니?

이전에 유명한 영화의 대사 중 '나 그대에게 모두 드리리'라는 구절이 있다. 연인을 주인으로 보는 이 문구는 한국어에서 연인을 주인으로 보고 있는 것으로 이미 지화되고 있다. 그러나 영어에서는 연인을 주인의 단계를 넘어서 신의 단계까지 격상을 하고 있는 것을 보면 어느 경우가 더 좋은 지는 독자 분들이 각자 판단해야 할 문제 인 것 같다.

아무튼, 부부 일심동체 또는 연인 일심동체라는 우리말이 있고, 보통 연인들 하면 서로 손을 잡고 걸어가는 장면이 연상되듯이 영어도 연인은 두 물건이 하나로 합해지는 하나의 결합체로 보는 다음과 같은 표현들이 있다.

LOVE IS A UNITY OF PARTS
사랑은 두 물건의 결합체이다

He is my better half.
그는 내 반쪽이다.

We are a perfect match.
우리는 완벽한 커플이다.

We are one.
우리는 하나다.

We were made for each other.
우리는 서로를 요구한다.

They are inseparable.
그들을 갈라놓을 수는 없다.

사랑은 일방적으로 주기만 하는 것일까? 아니면 주고받는 것일까? 그 판단은 독자 분들에게 맡기면서 영어는 다음처럼 사랑을 '경제적으로 교환되는 물건'으로 본다.

I gave her all my love.
그 여자에게 모든 사랑을 주었다.

I have lost all my love for him.
그 남자에 대한 모든 사랑을 잃어 버렸다.

I didn't get much in return.
나는 대가로 많은 것을 얻지 못했다.

I received a lot of love from her.
그 여자로부터 많은 사랑을 받았다.

He rewarded her love by taking of her.
그는 그 여자를 돌봄으로써 그 여자의 사랑에 보답했다.

He invested a lot in that relationship.
그는 그 관계에 많은 것을 투자했다.

위 예들에서 사랑을 일방적으로 주는 것으로도 보지만 서로 주고받아야 하는 경우로도 보고 있다는 것을 알 수 있다.

그럼 '생각'은 어떤 이미지를 이용하여 표현되는가?
때로는 '생각'을 영어 원어민들은 우리가 먹는 음식에 비교한다.

IDEAS ARE FOOD
생각은 음식이다

This is food for thought.
이것은 사고의 양식이다.

The child devoured the book.
그 아이는 책을 열심히 읽었다.

This is a meaty part of the paper.
이것이 논문의 핵심이다.

41

There are too many facts for her to digest them all.
그 여자가 이해하기에는 너무나 많은 사실들이 있다.

I can't swallow that claim.
나는 그 주장을 받아들일 수 없다.

That argument sells fishy.
그 논증은 석연치 않은 데가 있다.

Let me stew over that for a while.
그것에 대해 당분간 신중히 생각해보겠다.

마음으로 '원함'은 어떤 이미지로 표현되는지 알아보자.
어떤 것을 원하는 것은 배고픔과 굶주려 있고, 원하는 것을 하거나 가지는 것은 그것을 먹는 것으로 이미지화 된다.

They are greedy for power.
그들은 권력욕이 강하다.

My grandmother had a huge appetite for life.
할머니는 삶에 대한 욕망이 강하다.

We're starved of interesting things to do.
우리는 흥미로운 일을 갈망했다.

I have developed a taste for foreign travel.
나는 외국 여행을 점점 하고 싶었다.

She hungered to see him again.
그 여자는 다시 그 남자를 보고 싶어 했다.

연습문제

A. 다음 예문들은 어떤 이미지와 관련이 되는가?

1. They *thirsted* after knowledge.
   I *devoured* every book on the subject that I could find.
   They are power-*hungry* and will stop at nothing.

2. He *prayed her* not to leave.
   그녀가 떠나가지 않도록 간청했다.

   She is forever *singing his praises*.
   그녀는 그의 찬양의 노래를 영원히 부르리.

   She *sacrificed* her whole life for the love of her husband.
   그녀는 남편의 사랑에 전 생애를 비쳤다.

B. 밑줄에 들어갈 옳은 단어를 보기에서 고르기

waters	slice	Boiling	boiling

1. _____ with rage, Kate slammed the car door and drove off.

2. James felt the fury _____ within him.

3. Someone mentions drugs and the _____ turn very murky.

4. Mental health organizations should receive a bigger _____ of the pie.

unit 2
Direction 방향 Image

front [frʌnt] 정면의, 중요한

back [bæk] 뒤에, 뒤떨어진

close [klous] (거리적・시간적으로) 가까운(near), (관계가) 밀접한, 친밀한(intimate) 정밀한

far [fɑːr] 먼, 극단적인

together [təgéðər] 함께, 협력하여

lean [liːn] 야윈, 이익이 적은, 저 품질의

leave [liːv] 남기고 가다, 죽다, 탈퇴하다, 졸업/퇴학

wander [wɑ́ndər] 헤매다, 길을 잃다, (정신이) 오락가락하다

straight [streit] 곧은, 정직한, 정확한

level [lév-əl] 평평한, 솔직한

crook [kruk] 굽은 것, 도둑

twist [twist] 비틂, 사기

spin [spin] 물레를 짓다, 질주하다, 시험에 낙제하다.

bias [báiəs] 사선, 편견

warp [wɔːrp] 날실, 기초, 마음이 비꼬임

distort [distɔ́ːrt] (얼굴 따위를) 찡그리다, 왜곡하다

big [big] 큰, (사건・문제가) 중대한, (잘)난

tower [táuər] 우뚝 솟다, 뛰어나다

enormity [inɔ́ːrməti] 무법, 중대한 범죄, 큰 죄, (문제·일 등의) 거대

little [lítl] 작은, 사소한

sizeable [sáizəb-əl] 꽤 큰, 알맞은

massive [mǽsiv] 부피가 큰(bulky), 훌륭한(imposing)

heavyweight [héviwèit] (권투·레슬링 등의) 헤비급 선수, (학계·정계 따위의) 유력자, 중진, 영향력이 있는 사람.

lightweight [láitwèit] 표준 무게 이하의 사람, 하찮은 사람

thin [θin] 얇은, 힘없는, 내용이 빈약한

slight [slait] 약간의, 사소한

height [hait] 높음, 키, 절정, 한창인 때

decline [dikláin] (아래로) 기울다, (힘등이) 감퇴하다, (인기·물가 등이) 떨어지다

inferior [infíəriər] (등위·등급 등이) 아래쪽의, (품질·정도 등이) 떨어지는

power [páuər] 힘, 권력

top [tɑp] 정상, (능력·인기 등에서) 최고, 한창 때

seize [siːz] 잡다, (기회 따위를) 붙잡다, 이해하다

grip [grip] 집음, 파악(grasp, clutch), 이해력

handle [hǽndl] (손으로) 다루다, (문제를) 논하다

helm [helm] 조타 장치, 지배

steer [stiər] 조종하다, (어떤 방향으로) 돌리다, 행동하다

rein [rein] 고삐, 구속력, 지배권

ascent [əsént] 상승, 향상, 승진

crest [krest] 깃 장식, 최고조, 클라이맥스

peak [piːk] (뾰족한) 끝, 봉우리, 절정

pinnacle [pínəkəl] 뾰족탑, 절정

crash [kræʃ] 요란한 소리(쨍그랑·와르르), (비행기의) 추락, (정부·상점 등의) 붕괴, 파산

topple [tápəl] 쓰러지다, 와해하다, 전복시키다

hover [hávər] (새·헬리콥터 따위가) 하늘을 떠다니다, 망설이다

storm [stɔːrm] 폭풍(우), (탄알 등의) 빗발, 박수, 빗발치는 비난

torrent [tɔ́ːrent] 급류, (질문·욕 따위의) 연발, (감정 따위의) 분출

shower [ʃáuər] 소나기, 쏟아져옴

rain [rein] 비, 빗발치는 듯한

pour [pɔːr] 따르다, 쏟다, (탄환·조소·경멸 따위를) 퍼붓다

flood [flʌd] 홍수, 범람,

deluge [déljuːdʒ] 대홍수, (편지·방문객 등의) 쇄도

trickle [tríkəl] 졸졸 흐르다, (비밀 따위가) 조금씩 새다

stoop [stuːp] 몸을 꾸부리다, 자기를 낮추다

abyss [əbís] 심연, 혼돈

lofty [lɔ́ːfti] 높은, 고위의, 고상한

영어 native 화자들은 위, 오른쪽, 앞, 근접은 긍정적으로 생각하고 표현을 하지만 아래, 왼쪽, 뒤, 그리고 멀리 있는 것은 부정적으로 생각하고 표현하다.

 위와 아래 (up / down)

방향이 위인 up은 수, 단계, 그리고 양의 증가를 나타낸다.

The company has had its share of ups and downs, but it seems to be doing well now.
그 회사의 증권이 오르락내리락 했지만 지금은 안정이 되었다.

Total new car sales were up $3 million over last year.
지난해 총 새 차의 판매고가 3백만 달러를 넘어섰다.

또한 소리가 더 커지거나 어떤 행동이 더 강하고 활동적일 때 쓰인다.

Billy, will you turn the volume on the TV up - I can't hear anything.
Billy, TV소리를 더 올릴 수 있니? 아무 소리도 안 들린다.

Competition between the production groups is heating up rapidly.
그 생산 그룹사이의 경쟁이 심해지고 있다.

방향이 아래인 동사 fell과 전치사 down은 좋지 않은 것을 나타낸다.

He fell in the war.
그는 전쟁 중 죽었다.

He's been feeling very down since his wife went away.
그는 부인이 죽은 후 아주 우울하다.

All these problems are getting her down.
그 여자는 이런 문제들 때문에 우울하다.

그래서 잘 작동하고 있는 컴퓨터는 up을, 작동하지 않거나 고장 난 컴퓨터는 down을 쓰는 이유는 위는 좋고 아래는 좋지 않은 이미지 때문이다.

The computer system is up / down.
컴퓨터가 작동 중이다 / 꺼졌다.

🔴 안과 밖 (in/out of)

영어 원어민들은 안에 있는 경우는 긍정적이고 밖에 있을 경우는 부정적으로 본다.

I am in Music.
나는 음악을 좋아한다.

'음악'은 추상적이지만 native speaker들은 상태를 공간으로 이미지화한다. '내'가 그 공간 안에서 음악을 듣기 때문에 음악에 관심이 있고 좋아하여 'be in' 이라고 한다.

in이 어떤 사람이 다른 사람과 함께 하는 활동을 나타낸다.

Bailey was in the long distance bicycle race.
Bailey는 장거리 자전거 경주에 참가하고 있다.

The whole city took part in the post-game celebrations.
전체 도시가 경기 후 축하 공연에 참가했다.

Kenny's been in the Boy Scouts since he was eight.
Kenny는 8살 이후로 보이스카우트에서 활동하고 있다.

🔴 out(of)

out of는 사람이 의식을 잃은 경우, 어떤 물건이 다 떨어진 상태를 나타낸다.

Arthur had hit his head on a beam and knocked himself out.
Arthur는 머리에 대들보를 맞아 기절했다.

She must have been out for twenty minutes before she recovered consciousness.
그녀가 의식을 회복하기 전에 20분 동안 기절했다.

Nylon shirts went out years ago.
나일론이 몇 년 전부터 유행에 뒤졌다.

This year pink is definitely out.
올해 핑크색이 유행이 아니다.

Supplies of uranium will have run out by the end of the decade.
우라늄의 공급이 10년쯤 지나면 고갈 될 것이다.

다음에서도 in은 긍정적인 상황을, out of는 부정적인 상황을 나타낸다.

I've got the situation well in hand.
나는 그 상황을 완전히 알고 있다.

The children are completely out of hand.
그 어린이는 완전히 보호를 받고 있지 못하고 있다.

 앞과 뒤 (front/back)

앞은 긍정이고 뒤는 부정의 이미지이다.

He looks forward to the future.
그는 미래를 기대하고 있다.

She looks back on the past.
그 여자는 과거를 되돌아보았다.

 왼쪽과 오른쪽 (left/right)

우리 몸에서 오른쪽은 좋은 면이고 왼쪽은 나쁜 쪽이기 때문에 right는 도덕적으로 옳음을 나타낸다.

I think we've got right on our side.
나는 우리 둘 다 도덕적으로 올바르다고 생각한다.

Do children of that age really know the difference between right and wrong?
그 나이 또래의 어린아이들이 옳음과 그름을 구별 할 수 있을까?

It wasn't right of her to take advantage of you.
그 여자가 당신을 이용하는 것은 옳지 않다.

You did the right thing by telling them you had lied.
당신은 그들에게 거짓말을 한 것은 잘 한 일이다.

건강이 좋은 상태도 의미한다.

She had been feeling right for weeks.

그 여자는 몇 주 동안 컨디션이 좋다.

높은 지위에 있는 사람 혹은 유행인 경우도 나타낸다.

> He's seen with all the right people in all the right places.
> 그는 지위가 높은 사람을 알고 있다.

left는 왼쪽으로 부정적인 상태 혹은 생각들을 암시한다.

> Younger voters tended to be on the left.
> 젊은이들은 좌파에 투표하는 경향이 있다.

> He received strong criticism from the Left of the party.
> 그는 그 정당의 좌파로부터 강한 비난을 받았다.

left는 좌파(급진파), right가 서구 문화에서 우파(온건파)인 이유는 프랑스혁명 당시 온건파인 '당통'은 회의장 오른쪽에, 급진파인 '로스피에로'는 회의장 왼쪽에 앉은 것에서 유래되었다.

멀고 가까움 (come and go)

친한 사람 혹은 유사한 속성은 거리 상 가까이 있고 친하지 않은 사람 또는 속성이 다른 경우는 거리 상 멀리 있다.

SIMILARITY IS CLOSENESS: DIFFERENCE IS DISTANCE
친밀함은 유사함이고 멀리 있는 것은 차이가 있다

친밀함

close는 사랑과 존경처럼 서로 어떤 감정을 공유하는 의미를 암시한다.

> She bears a close resemblance to her mother.
> 그 여자는 어머니를 많이 닮았다.

My brother and I are very close.
형과 나는 아주 유사하다.

Jamal and I have been close friends since we were six.
우리 두 사람은 여섯 살 이후로 절친한 친구이다.

She's close to both her parents.
그 여자는 부모님 두 분과 친밀하다.

This is close to the truth.
이것은 진실에 가깝다.

He is a close friend.
그는 절친한 친구이다.

Birds of a feather flock together.
유유상종

친밀해지면 육체적으로 가까워진다.

INTIMACY IS PHYSICAL CLOSENESS
친밀함은 육체적으로 가까이 있다

We are both feeling close toward each other and we begin to kiss.
우리는 서로 친밀해져 키스를 하기 시작했다.

Liz and Bob became closer and closer Liz began to share many of her thoughts and emotions with Bob.
두 사람은 친해져서 Liz는 자신의 생각과 감정을 Bob과 같이 했다.

He was ecstatic, she leaned over and kissed him. After their relationships was even better than before.
그는 황홀했고, 그 여자는 몸을 숙여 그에게 키스를 했다. 그리고 나서 그들의 관계는 이전보다 훨씬 좋아졌다.

거리감

This is far from the truth.
이것은 진실과는 거리가 멀다.

Oil and water don't mix.
기름과 물은 섞이지 않는다.

다음 예에서 동사 leave에 의해 떨어짐은 좋지 않다는 것을 나타낸다.

She thought that Joe cared about her, but she has trouble believing it now that he left without saying goodbye.
그 여자는 Joe가 자신을 신경 쓸 것으로 생각했지만 그 여자는 인사도 없이 그 남자가 떠날 것이라는 믿을 수가 없었다.

동사 come과 go의 이미지를 알아보자.

come은 화자 쪽으로 다가와서 근접(closeness)의 이미지 때문에 긍정적인 사건이나 행동을 나타낸다.

We came to the conclusion that she must be telling the truth.
우리는 그 여자가 사실을 말해야만 한다는 결론을 내렸다.

All good things must come to an end.
모든 좋은 일들이 종식되어야만 한다.

When the Freedom Party came to power they continued these policies.
자유당이 권력을 잡았을 때 그들은 계속해서 이 정책을 유지했다.

새로운 어떤 일을 할 때 사용된다.

The new changes will come into effect next month.
다음 달에 새로운 변화가 효과를 발휘할 것이다.

As we turned the corner, the top of the Eiffel Tower came into view.
코너를 돌때 에펠탑의 끝 부분이 시야에 들어왔다.

흥미로움이 있을 때 사용된다.

The game really come to life in the second half.
그 게임은 후반전에 재미가 있다.

소망하던 것이 실현될 때 쓰인다.

Her dream come true.
그 여자의 꿈은 실현된다.

go는 화자에서 멀어지기 때문에 거리(distant)감이 생겨 부정적인 상황이나 행동을 암시한다.

Louise had gone completely blind before she died.
그 여자는 죽기 전에 완전히 실명이 되었다.

I knew they would go crazy if they ever found out.
나는 그들이 발견되면 미쳐 버릴 것이라는 것은 알고 있다.

어떤 일을 하지 않은 경우에 사용된다.

We both love going barefoot on the beach.
우리는 백사장을 맨발로 걷는 것을 좋아한다.

Thousands of people are being allowed to go hungry.
많은 사람들이 배고픈 채 그대로 있기를 원한다.

Most of their hard work seems to have gone unnoticed.
그들의 힘든 일의 대부분은 주목을 받지 못했다.

오래되거나 피해를 입어 상태가 악화되는 경우에 쓰인다.

Her hearing is really starting to go.
그의 청각은 나빠지기 시작했다.

The battery in this watch is going.
이 시계의 배터리가 없어져가고 있다.

직선은 좋음이고 곡선은 좋지 않음을 나타낸다. 그래서 정직과 진실의 이미지는 직선이지만 거짓은 직선이 아니라 곡선 혹은 굽은 선으로 개념화된다.

🔴 직선 (straightness)

She's completely straight - I'd trust her anywhere.
그 여자는 정직하다. 그래서 나는 그 여자를 믿는다.

Are they on the level? Can we trust them?
그들은 솔직하니? 우리가 그를 믿어도 되느니?

🔴 곡선 (curve)

He was wandering in a drunken stupor.
그는 술에 취해 비틀거리고 있다.

It was a bad business, involving some crooked dealers.
몇몇 속임수를 쓰는 상인도 포함된 좋지 않은 사업체이다.

It's not true - you're twisting the facts.
사실이 아니다. 당신은 사실을 왜곡하고 있다.

The newspapers have put their own spin on what has happened.
신문이 사건에 대해 장황한 설명을 했다.

They were accused of bias in their reporting.
그들의 보고는 편견이 있어 비난받았다.

We were presented with a very warped / distorted version of the truth.
우리는 사실을 왜곡했다.

크다와 작다 (big/small)

다음으로 영어는 중요한 것은 '큰 개체'로, 사소한 것은 '작은 것'으로 이미지화한다.

> **SIGNIFICANT IS BIG: TRIVIAL IS SMALL**
> 중요함은 크고 사소함은 작다

He is a big man in the garment industry.
그는 의류업계의 거물이다.

That is the biggest idea to hit advertising in years.
그것은 수년 동안 광고업계를 강타할 최대의 아이디어이다.

This is a big opportunity for me.
이것은 내게 좋은 기회이다.

She is a giant among writer.
그 여자는 작가 중 거물이다.

He is the greatest writer of the twentieth century.
그는 20세기의 최고 작가이다.

That was one of the greatest moments in World Series history.
그것은 월드 시리즈 역사상 가장 위대한 순간들 중의 하나였다.

It is a sizeable / massive achievement.
큰 업적이다.

These are weighty matters.
이것은 중대한 문제이다.

Her ideas carry a lot of weight with the boss.
그 여자의 생각은 사장님의 결정에 중요한 역할을 한다.

She's a performer who has grown in stature.
그 여자는 능력이 많은 공연가이다.

They are the only intellectual heavyweights in the cabinet.
그들은 내각에서 유일한 지적인 중진들이다.

His accomplishment tower over those of lesser men.
그의 업적은 별 볼일 없는 사람들의 업적 가운데 우뚝 솟아 있다.

She was astounded at the enormity of the crime.
그 여자는 그 범죄의 거대함에 놀랐다.

다음에서 머리와 어깨는 신체의 위 부분에 있기 때문에 긍정적인 이미지이다.

He is head and shoulder above everyone in the industry.
그는 그 업계에서 가장 두각을 나타내고 있다.

사소하고 중요하지 않은 것은 작은 것으로 표현한다.

That was only a little white lie.
그것은 사소한 거짓말이다.

The little guy always has to pay.
하찮은 사람이 돈을 항상 지불해야만 한다.

I have two little points to make.
나는 지적해야 할 두 가지 사소한 요점이 있다.

There are some tiny mistakes to correct.
수정해야 할 약간의 사소한 실수가 있다.

The novel seems very lightweight / thin / slight.
소설은 별 볼일 없다.

I don't expect you to be impressed - it must seem very small potatoes to you.
나는 당신이 감동을 받을 것을 것으로 기대하지 않는다. 그것은 당신에게 별 볼 없는 금액이다.

위의 예들을 통해 중요함은 무겁고, 중요하지 않은 것은 가벼운 것으로 이미지화된다.

지금까지 알아본 이미지 중 '위는 좋고 아래는 나쁘다'라는 이미지를 자세히 알아보자.

SUCCESS IS UP : FAILING IS DOWN
성공은 위이고 실패는 아래이다

동네 '개'들이 싸우는 것을 본 독자 분들이 있다면 싸움에서 이긴 개는 위에 있지만 패배한 개는 아래에 있다. 그래서 영어는 승리자를 updog, 패배자는 downdog

이라고 한다. 이처럼 인간들 사이에도 힘이 있는 사람은 위에, 통제를 받는 사람은 아래에 있는 이미지를 이용하여 영어는 다양한 표현이 이루어진다.

I have control over him.
나는 그 남자를 통제한다.

How many people are there above you?
너보다 높은 사람은 몇 명 있니?

He ranks above me in strength.
그는 힘이 나보다 세다.

They are riding high in the opinion polls.
그들은 여론 조사에서 선두를 달리고 있다.

He is at the height of his power.
그는 최고의 권력에 있다.

She holds the highest position in the company.
그 여자는 그 회사에서 최고 지위에 있다.

He remained at the top for ten years, until his retirement.
그는 은퇴할 때까지 10년 동안 정상에 있었다.

They have come out on top yet again.
그들은 다시 정상에 우뚝 섰다.

The biography mainly dealt with his years at the top.
그 전기는 그가 정상에 있을 때를 주로 다루고 있다.

Many people commented on his rapid ascent up the ladder.
많은 사람들이 그의 빠른 진급에 대해 이야기 했다.

Their new album climbed / rose to second place in the charts.
그들의 새로운 앨범이 차트에서 2위로 올랐다.

They are riding on the crest of a wave at the moment.
그들은 현재 상승세를 타고 있다.

She is at the peak / pinnacle of her career.
그 여자는 경력의 최고 정상에 있다.

Not many people reach those dizzy heights.
많은 사람들이 절정에 오르지는 못한다.

다른 사람을 통제하는 사람은 위에, 통제를 받는 사람은 아래에 있는 이미지이다.

She is under my control.
그 여자는 내 통제 아래에 있다.

There are many workers under her.
그 여자는 많은 직원을 거느린다.

His power is on the decline.
그의 힘은 기울어 가고 있다.

She is my social inferior.
그 여자는 나보다 아랫사람이다.

They have no power / control over their staff.
그들은 자신들의 직원을 통제 할 수 없다.

I began my career as a lowly office worker.
나는 하급 사무실 노동자로 일을 시작했다.

They belong to the upper / lower classes
그들은 상류/하류 계급에 속한다.

They were downtrodden and oppressed.
그들은 억압받고 있다.

She's completely under his thumb.
그 여자는 완전히 그의 지배 하에 있다.

We are studying the fall of the Roman Empire.
우리는 로마 제국의 몰락을 연구하는 중이다.

His political ambition led to his downfall.
그의 정치적 야망은 몰락을 초래했다.

The Wall Street crash took place in 1929.
증권가가 1929년에 무너졌다.

Another leading player has been toppled in the tournament.
또 다른 일류급 선수가 토너먼트에서 탈락되었다.

His comments went down like a lead balloon.
그의 말은 가치가 없다.

A year later his career nosedived.

일년 후 그의 경력은 별 볼일 없어졌다.

Another dot.com is about to **bite the dust**.
또 다른 사이트가 없어질 것 같다.

다음 예들에서 힘과 통제를 하는 사람은 어떤 사람이나 어떤 것을 잡고 동물을 통제하거나 운전을 하는 것으로 이미지화된다.

They have a **hold** over him.
그들은 그를 장악하고 있다.

The military forces **seized** power.
군대가 정권을 잡았다.

Police kept a firm **grip** on dissenters.
경찰이 데모 자들을 완전 통제하고 있다.

She seems to have a **handle** on most of the work.
그 여자는 그 일의 대부분을 다루고 있는 것 같다.

Who makes the decisions? Who is **pulling the strings**?
누가 결정을 하느냐? 누가 배후 조종인물이냐?

The company expanded greatly during his years at the **helm**.
그가 실권을 잡고 있는 동안 그 회사는 많이 발전했다.

She is **steering** the country through much-needed reforms.
그 여자는 많은 개혁을 통해 그 나라를 이끌었다.

She kept her staff on a very tight **rein**.
그 여자는 직원을 완전 통제했다.

native speaker들은 많은 것은 위로 적은 것은 아래로 이동한다고 본다.

> **MORE IS UP : LESS IS DOWN**
> 많음은 위이고 적음은 아래이다

 많 음

The number of books printed each year keeps going **up**.
매년 출판이 되는 책의 숫자가 계속 증가하고 있다.

Her income rose last year.
그 여자의 소득이 많아졌다.

Her draft number is high.
그 여자의 지명 순위는 높다.

 적음

Her income fell last year.
그 여자의 소득이 많아졌다.

She is underage.
그녀는 미성년자이다.

The number of errors she made is incredibly low.
그 여자가 저지르는 실수가 많이 줄어들었다.

If you are too hot, turn the heat down.
만일 당신이 더우면 온도를 낮추어라.

물건이나 그릇을 위로 쌓으면 위 면이 올라간다. 반대로 물건을 치우면 아래 면이 내려온다. 양이나 수의 변화도 위와 아래로 움직인다고 native speaker는 생각하여 많은 양은 위에 있고 적은 양은 아래에 있다고 생각한다.

 높음

Profits were up on the previous year's figures.
이윤이 작년보다 나아졌다.

There has been a sharp rise in the number of unemployed.
실업률이 급격히 상승하고 있다.

The news gave a boost to the economy.
그 소식 때문에 경제가 살아나기 시작했다.

Temperatures are very high here in the summer.
여름에 이곳은 고온이다.

The rate of inflation is very low.
인플레이션의 비율이 아주 낮다.

Prices soared after the strike.
파업 이후 가격이 급상승했다.

The population peaked at 5.5 million.
인구가 오백 오십 만에 육박했다.

The average mark hovers around 54%.
평균 점수가 54% 향상했다.

 적음

Output was down.
출고가 저조하다.

Profits fell last year.
작년에 이윤이 떨어졌다.

The temperature dropped sharply.
온도가 급격하게 떨어졌다.

The economy is in freefall.
경제가 급격히 악화되었다.

Car imports plummeted in value.
자동차 수입이 가격 면에서 떨어졌다.

We discussed the level of unemployment.
우리는 실업률에 대해 토론했다.

어떤 것이 많은 양인 경우 물과 비가 많은 이미지이고, 적은 양인 경우는 물이 적은 것으로 개념화된다.

 많음

There was a storm of protest when the decision was announced.
그 결정이 발표되었을 때 항의가 빗발쳤다.

The speech was met with torrents of abuse.
그 연설에 대해 많은 욕설이 난무했다.

They were showered with praise.
그들은 칭찬을 많이 받았다.

Stones rained down on them.
그들에게 돌멩이 세례가 있었다.

The offers keep pouring / flooding in.
제안이 쏟아졌다.

The switchboard was deluged with calls.
계기판에 많은 호출이 있었다.

 적음

There was only a trickle of interest.
별 관심 없다.

Work has dried up.
일거리가 없다.

It sounds like a lot of money, but it's really just a drop in the ocean / bucket.
돈이 많은 것처럼 들리지만 사실은 별 볼일 없다.

native speaker는 좋은 것은 위에 있고 좋지 않은 것은 아래에 있는 것으로 이미 지화한다.

GOOD IS UP : BAD IS DOWN
좋은은 위이고 나쁨은 아래이다

Things are looking up.
만사가 잘 돌아가고 있다.

She does high-quality work.
그의 일솜씨는 최고다.

Things are at an all-time low.
상황이 최악이다.

We hit a peak last year, but it has been downhill ever since.
우리는 작년에 최고치였으나 그 이후로 계속 내리막길이야.

native speaker는 선은 위에 있고 악은 아래에 있는 것으로 이미지화한다.

VIRTUE IS UP: DEPRAVITY IS DOWN
선은 위이고 악은 아래이다

정직하고 도덕적인 것은 높은 위치에 있고 정직하지 못하거나 도덕적이지 않은 것은 아래에 있다고 native speaker들은 생각한다.

 선

우리 인간은 사회가 문자로 정하든 그렇지 않든 사회 관습을 따르며 살아가야 한다. 그래서 미덕이나 선은 위에 있다고 이미지화 된다.

She has very high standards.
그 여자는 사고가 고상하다.

They are upright, law-abiding people.
그들은 정직하고, 법을 준수하는 사람들이다.

They are fine, upstanding citizens.
그들은 정직한 시민이다.

She had lofty ideals.
그 여자는 이상이 고결하다.

He's on the up and up.
그는 아주 정직하다.

She is uprights.
그 여자는 고결하다.

She has high standard.
그 여자는 기준이 고상하다.

He is an upstanding citizen.
그는 정직한 시민이다.

악

That was a low trick.
좋지 않은 계략이다.

Don't be underhanded.
불공정하지 마라.

I wouldn't stoop to that.
그런 비열한 짓을 하지 않는다.

That would be beneath her.
그것은 그 여자의 수준이하이다.

She fell into the abyss of depravity.
그 여자는 깊은 타락의 늪에 빠졌다.

He was above such small-minded prejudice.
그는 속이 좁은 편견은 없다.

I never thought he'd stoop to that.
나는 그 사람이 그것에 굴복할 것으로 생각하지 않는다.

서양은 동양과는 다르게 감정보다는 이성을 더 중시하기 때문에 이성은 위에 있고, 감성은 아래에 있는 것으로 이미지화 된다.

RATIONAL IS UP : EMOTIONAL IS DOWN
이성은 위이고 감성은 아래이다

The discussion fell to the emotion level, but I raised it back up to the rational plane.
그 토의는 감정적이었다가 다시 이성적인 수준으로 갔다.

She couldn't rise above her emotion.
그 여자는 자신의 감정을 극복 할 수 없었다.

우리는 보통 동물보다는 인간을 우위로 생각하고, 인간이 동물보다 우위인 이유는 이성 때문이다. 그래서 이성은 위라는 이미지가 생긴다.

시간의 흐름은 추상적이기 때문에 우리 눈으로 볼 수 있는 것은 아니지만 앞으로 이동을 하는 것으로 개념화되기 때문에 미래의 사건은 앞 혹은 위로 이미지화 된다.

FORESEEABLE FUTURE EVENTS ARE UP(AHEAD)
예견할 수 있는 미래의 사건은 위(앞)이다

What is up?
무슨 일이 일어났니?

I am afraid of what is up and ahead of us.
앞으로 무슨 일이 일어날지 걱정이 된다.

All upcoming events are listed in the paper.
앞으로 다가올 모든 행사가 그 신문에 실렸다.

우리 인간의 눈은 일반적으로 움직이는 방향인 앞쪽(전방)을 바라본다. 그래서 어떤 물체가 다가 올 때 그 물체는 더 커 보인다.

연습문제

A. 괄호 안에 단어 중 옳은 낱말 하나를 고르시오.

1. The Western powers could not allow such an act of terrorism to (go / come)unpunished.
2. The milk smells like it's going (come / bad).
3. In the car we are both feeling close (out of / toward) each other and we begin to kiss.
4. The newspapers have put their own (slant / just) on what has happened.

B. 보기의 단어에서 옳은 단어를 골라 밑줄에 넣으시오.

> straight and narrow   out of   level   in   went up

1. I need to _____ with you - I can't pretend that things are OK.
2. He kept to the _____ after his release from prison.
3. I'm running _____ ideas - can you suggest anything?
4. She has a number of Picasso's paintings _____ her private collection.
5. Early last month, fuel prices _____ by 3 percent.

C. 다음에서 긍정과 부정의 이미지를 지닌 예문을 고르시오.

1. The government fell from power.
2. She ruled over the empire for many years.
3. It was a very low / underhand / underhanded trick.
4. He's just a mean and lowdown cheat.
5. She is high-minded.
6. The president took the moral high ground.

unit 3
Journey 여행 Image
words bank

vehicle [víːikəl] (사람·물건의) 수송 수단, 전달 수단, 매체

neutral [njúːtrəl] 중립의, 중간의, 무관심한

coast [koust] 연안, 좋은 기분

brake [breik] 브레이크를 걸다, 걸려 서다

steer [stiər] 키를 잡다, 처신하다, 행동하다

route [ruːt, raut] 도로, (일정한) 통로, 수단

road [roud] 길, 진로, 방법

avenue [ǽvənjùː] 가로수길, 수단, 방법

path [pɑθ] 길, (인생의) 행로, 방침

step [step] 걸음, 승급, 수단, 방법

highway [háiwèi] 큰길, 탄탄대로

travel [trǽv-əl] (멀리 또는 외국에) 여행하다, 움직이다

arrive [əráiv] 도착하다, (시기가) 도래하다, (신생아가) 태어나다, 성공하다

uphill [ʌ́phil] 오르막의, 힘든
    The road is uphill all the way.
    길은 내내 오르막이다

crossroad [krɔ́sròud] 십자로

direction [dirékʃən] 지도, 지시, 명령, (행동) 방침
    a sense of direction 방향 감각
    the direction of contemporary thought 현대 사조

bumpy [bʌ́mpi] (길 따위가) 울퉁불퉁한, 인생 부침이 심한

reach [riːtʃ] 도착하다, (범위 등이) --에까지 이르다

return [ritə́ːrn] 되돌아가다, 재발하다

head [hed] 맨 앞에 있다, 지휘하다

ground [graund] 지면, 기초, 이유

drift [drift] 표류, (사건·국면 따위의) 동향, 경향, 흐름,

circle [sə́ːrkl] 원, (교제·활동·세력 등의) 범위(sphere), 집단, 사회

step [step] 걷다, (어떤 상태로) 되다, (지위를) 차지하다

short-cut [ʃɔ́ːrtkʌt] 지름길

영어 원어민 화자들은 인생, 유혹, 섹스, 대화, 논쟁, 그리고 방법을 '여행' 혹은 '길'의 이미지를 통해 영어를 표현한다.
먼저 여행과 관련된 다음 단어들의 이미지는 무엇인지 생각해보자.

vehicle

여행할 때 자동차가 수단이 되듯이 비유적 표현에서는 생각을 표현할 때도 수단이 된다.

The Union is the principal vehicle of communication for the employees.
노동조합은 노동자들의 주요 의사 전달체이다.

neutral

자동차의 뉴트럴 기어가 공전하지 않는 것처럼 비유적 표현에서는 피곤하기 때문에 어떤 일을 열심히 하지 않은 경우에 사용된다.

I am tired, my brains in neutral.
나는 피곤해서 쉬고 싶다.

coast

해안가를 따라 배가 순풍을 맞으며 항해하듯이 아주 쉽게 혹은 노력을 하지 않고 어떤 일을 달성하는 경우이다.

The team coasted to a comfortable victory shortly after lunch.
그 팀은 점심 후에 바로 쉽게 승리를 했다.

brake

브레이크를 걸면 자동차가 멈추듯이 어떤 일이 진행되는 것을 차단하는 행동이나 상황

The high level of debt continued to put a brake on economic recovery.
높은 이자율이 경제 회생에 제동을 계속 걸었다.

steer

❶ 어떤 것이 발생하는 방식 혹은 사람들이 행동하는 방식

Ruth attempted to steer the conversation.
Ruth가 대화를 시도했다.

❷ 선택을 해야 하는 경우

They tried to steer a middle course between overconfidence and undue pessimism.
그들은 너무 지나친 확신과 적절하지 않은 회의론에 중립을 지키려고 했다.

다음으로 '길(road)'과 관련된 다음 단어들의 이미지는 무엇인지 알아보자.

route

버스, 기차, 그리고 비행기들이 정기적으로 다니는 노선을 나타내지만 특정한 결과를 야기하는 방법을 의미하기도 한다.

I'll need to think carefully before deciding what route to take next.
나는 다음에 어떤 방법을 택해야 할지 결정하기 전에 신중 할 필요가 있다.

road

일반적으로 도로 양편에 건물이 없는 경우를 말하지만 특정한 과정 혹은 행동의 과정을 나타내는 경우도 있다.

Ella felt Don was leading her down a very dangerous road.
Ella는 위험한 곳으로 그 여자를 이끌었다.

avenue

도로 양편에 나무들이 있는 경우이지만 어떤 일을 달성하기 위하여 사용 할 수 있는 방법 중의 하나를 나타낸다.

Believe me, we have explored every possible avenue to find funding.
나를 믿어라. 우리는 기금을 찾기 위하여 모든 가능한 방법을 강구 할 것이다.

path

사람들이 걷는 길을 가리키며, 비유적으로 쓰이는 경우 특히 어떤 사람이 어떤 일을 하는 선택권이 있는 경우이다.

He decided to embark on a new career path
그는 새로운 경력을 시작하려고 마음먹었다.

step

다른 사람 앞에서 한 걸음씩 이동을 하는 의미이외에도 특정한 목표를 위해 어떤 사람이 하는 연속된 행동중의 일부를 나타낸다.

This new law is the first step in making our city safer.
이 새로운 법은 우리 고장을 안전하게 하는 첫 번째 조처이다.

fast(slow)lane

lane은 좁은 길을 나타내며, 비유적인 의미에서는 인생이 흥미 혹은 바쁘다는 것을 강조한다.

She is still adapting to life in the fast lane
그 여자는 아주 바쁜 삶을 살아가고 있다.

(super)highway

미국에서 도시와 도시를 연결하는 8차선 도로를 말하기 때문에 비유의 의미는 컴퓨터에 의해 빠르게 전달되는 정보를 가리킨다.

Many cable TV prefer to collaborative in building American's information superhighway.
많은 유선 방송은 미국의 정보화를 구축하는데 기여하기를 원한다.

LIFE IS A JOURNEY
인생은 나그네 길이다

영어는 인생을 다양한 방법으로 표현하는 데 가장 대표적인 사례가 인생을 여행에 비유한다.

Dying is like traveling to another place.
죽음은 다른 장소로 여행하는 것과 같다.

The baby arrived just after midnight.
애기가 어제 밤에 태어났다.

He came into the world in 1993.
그는 1993년에 태어났다.

I set out to become a doctor, but it never worked out.
나는 의사가 되려고 했지만 결코 꿈을 이루지는 못했다.

She went through life without ever knowing the truth.
그 여자는 진실을 알지 못한 체 살아가고 있다.

It's all been an uphill struggle.
그것은 어려운 투쟁이다.
We seem to be at a crossroads.
우리는 기로에 서다.

His life took an unexpected direction.
그의 인생은 기대하지 않은 방향을 택했다.

She is without direction in life.
그 여자는 삶에 방향이 없다.

I am at a crossroads in my life.
나는 내 삶에 기로에 서있다.

She has go through a lot in life.
그 여자는 삶에 많은 것을 경험했다.

연인 사이였던 두 남녀의 사랑이 식게 되면 이별을 하게 되고, 그래서 '사랑은 눈물의 씨앗'이란 말이 있듯이 인간은 자기의 본의에 의하든 다른 이유에 의하든 사랑하는 연인과 헤어 질수 도 있다. 그럼, 당연히 다른 이성 친구를 찾아야 하는 것은 세상의 이치인 것 같다. 그래서 우리말에도 '그들의 사랑이 깨졌다(찢어졌다)' 혹은 '그들은 갈라섰다'와 같은 표현들이 있는데 영어는 다음과 같은 표현들이 있다.

LOVE IS A HIDDEN OBJECT
사랑은 숨겨진 물체이다

You are lucky to have found her.
당신이 그 여자를 발견 한 것은 아주 다행스런 일이다.

After many years of unsuccessful search, he eventually found love.
오랜 시간이 지난 후에 그는 마침내 사랑을 찾았다.

She sought for love in the wrong places.
그 여자는 엉뚱한 곳에서 사랑을 찾았다.

물론 자기의 이상적인 사람을 만나지 못하면 계속 자기 짝을 찾으려는 노력이 있어야겠기에 다음과 같은 표현도 있다.

Her search for love wasn't successful.
사랑을 찾지 못했다.

He is continually looking for true love.
그는 계속 참 사랑을 찾고 있다.

결국 사랑은 인생처럼 긴 여정이 아닌가하는 생각이 든다. 사랑하는 사람사이는 좋을 때도 있고 서로 싫어하는 시간이 있듯이…. 그래서 인생은 다음처럼 여행에 비유된다. 우리말에는 '인생의 동반자', '사랑의 기로(미로)'라는 표현이 있듯이 영어는 어떤 표현들이 있는지 알아보자.

Look how far we have come.
우리는 너무 멀리 와있다.

It has been a long, bumpy road.
멀고 험난한 길이다.

We can't turn back now.
우리는 되돌아 갈 수가 없다.

We are at a crossroad.
우리는 교차로에 서있다.

사랑하는 연인을 여행자에 비유하면서 여행에도 처음 계획을 세우고, 출발을 하고, 중간에 어려움이 있으면 함께 극복을 하고, 두 사람이 결국은 여행 도착지에 도달을 하게 된다. 물론 여행 도중에 어려움이 있으면 여행 도착 지점에 가지는 못하겠지만…. 이처럼 사랑하는 연인도 함께 여행을 떠나는 관계로서 인생을 함께 설계하고 같이 살아가는 여행의 동반자에 비유를 하고 있다.

다음으로 섹스는 남녀 두 사람이 눈이 맞아야 할 일이지만 때로는 한 사람의 일방적인 행동에 의해 이루어지는 경우도 있다.

SEX IS ONE - WAY ROAD
섹스는 일차선 도로이다

He is moving too fast.
그는 너무 빨리 하고 있다.

We both ended up in his bed. After a few initial kisses, things became heavy.
우리는 결국 그의 침대로 갔고, 몇 번의 키스를 한 후 관계가 깊어졌다.

Susan was scared she would lose him, so she invited him to spend the night that evening.
Susan은 그를 놓칠까봐 걱정해서 그날 저녁 그 남자를 초대했다.

Their romance never reached actual intercourse.
그들은 성관계로까지 발전 하지는 않았다.

Jack impulsively ran his hand down her back.
Jack은 자신의 손으로 그 여자의 허리를 감싸 안았다.

섹스처럼 '술'도 위와 같은 이미지가 적용된다. 술을 통해 어떤 사건이나 행동의 원인이 된다. 어떤 사람이 평상시에 행동이 원만한 것은 교통 소통이 원활한 2차선에 비유된다. 하지만 일반적으로 술을 먹게 되면 상대방을 고려하지 않고 일방적으로 행동하기 때문에 술은 1차선 도로에 비유된다.

AICOHOL IS ONE - WAY ROAD
술은 일차선 도로이다

Influenced by the wine and the lateness of the evening, she **began** to kiss on his bed.
술과 밤이 깊어가서 그 여자는 그 남자의 침대에서 키스를 하기 시작했다.

Joe **started suggesting** that they have sex with one another.
Joe는 서로 섹스 할 것을 제안했다.

She found out he **wanted** more from her then just one drink.
그 여자는 그 남자가 자신에게 더 많은 것을 원하는 것을 알았다.

native speaker는 우리 인간의 대화를 여행에 비교한다. 그 이유는 여행의 목적지에 도달하기 위하여 서로 협력하듯이 사람들 간의 대화에서도 협력이 필요하기 때문이다.

A CONVERSATION / DISCUSSION IS A TRIP
대화는 여행이다

Let's **go back** to what you were saying earlier.
우리가 이전에 말했던 것으로 되돌아가자.

Can we **return** to the previous point?
이전의 요점으로 되돌아갈 수 있느냐?

I can't quite see where you're **heading**.
나는 당신이 어디로 가야하는지 모르겠다.

The conversation took an unexpected **turn / direction**.
대화가 엉뚱한 방향으로 진행이 되어가고 있다.

I'm listening - Go on!
말을 듣고 있으니 계속 해라!

We've covered a lot of ground.
우리는 여러 분야를 다루고 있다.

I was just coming to that.
나는 단지 그 상태이다.

We eventually arrived at a conclusion.
우리는 마침내 결론에 도달했다.

It's an indirect way of saying she's refusing our offer.
그 여자가 우리의 제안을 거절했다는 것을 말하는 간접적인 방법이다.

You're on the right / wrong track.
당신은 옳다/그르다.

We wandered off the topic.
우리는 주제에서 벗어났다.

The conversation drifted aimlessly.
대화가 목표 없이 표류했다.

We kept going around in circles.
우리는 제자리를 머물고 있다.

논쟁도 여행에 비유된다. 그 이유는 여행에도 출발점, 중간 지점, 그리고 목표점이 있듯이 논쟁에도 서론, 본론, 결론이 있기 때문이다.

ARGUMENT IS A JOURNEY
논쟁은 여행이다

I have set out to prove that bats are birds.
나는 박쥐가 새라는 것을 증명하기 시작했다.

We will proceed in a step-by-step fashion.
우리는 단계적인 방식으로 나아 갈 것이다.

This observation points the way to an elegant solution.
이 관찰은 깔끔한 해결의 길을 제시해준다.

We have arrived at a distinguishing conclusion.
우리는 혼란스런 결론에 도달했다.

She strayed from the line of argument.
그 여자는 논쟁의 궤도를 벗어났다.

또한 다음처럼 방법은 길이고 어떤 것을 하는 과정은 여행을 하는 것으로 이미지화된다.

What's the best way of doing it?
그것을 하는 최고의 방법은 무엇이니?

This is a certain route / path to success.
이것은 성공으로 가는 길이다.

Maybe we should try a different approach.
아마 우리는 다른 방법을 시도해야만 한다.

We have explored several different avenues.
우리는 몇 가지 다른 방법을 알아보아야 한다.

He showed us what to do, step by step.
그는 우리에게 무엇을 해야 하는지 단계적으로 보여주었다.

This job is just a stepping stone for me.
이 일은 단지 내게 디딤돌에 불과하다.

There's a useful short cut that I can show you.
내가 당신에게 보여 줄 유용한 방법이 있다.

We need to move things along a little faster.
우리는 좀더 빨리 어떤 일을 할 필요가 있다.

연습문제

A. 다음 예를 통해 시간을 어떤 이미지로 보는가?

The night started when the two of them went out of to dinner together.

She invited him to spend the night.

B. 밑줄에 들어 갈 옳은 단어를 보기에서 골라 쓰시오.

> vehicle   steered

1. He _____ the country through a transitional period to elections.

2. They use the tabloid press as a _____ for attacking the opposition.

C. 해석을 참조하여 밑줄에 들어갈 단어를 생각해보시오.

> step   road   paths

1. The band was on the _____ for seven months last year.

2. We are left with no other _____ but to go to court.

3. The new microchip is a major _____ forward in computer technology.

4. The _____ to success is not always an easy one.

5. When you finish the exercise, repeat _____ five to ten.

6. It's a crucial _____ on the road to democracy.

7. Our lives subsequently followed separate _____.

D. 밑줄에 들어 갈 옳은 단어를 보기에서 골라 쓰시오.

> move   distance   way   hill   passed   away   departed

1. You've got to _____ on and forget about what's happened.

2. Will they go the _____?

3. She's well on the _____ to recovery.

4. They're over the _____ now.

5. His grandmother _____ on last year.

6. They remembered the _____ in their prayers.

unit 4
Body 12/12 Image
words bank

body [bɔ́di] 몸, (사물의) 주요부분, 집단

face [feis] 얼굴, 체면(dignity), 형세, 국면

eye [ai] 눈, 시력, 관찰력,

nose [nouz] 코, 후각, 직감력, 육감

tooth [tu:θ] 치아, 맹위, 위력

tongue [tʌŋ] 혀, 언어 능력, 말, 언어

lip [lip] 입술, 건방진/주제넘은 말

ear [iər] 귀, 청각

shoulder [ʃóuldər] 어깨, (책임을 짊어지는) 어깨

hand [hænd] 손, 원조의 손길, 조력, 영향력

stomach [stʌ́mək] 위, 욕망

guts [gʌt] 창자, 용기, 배짱

bone / **skeleton** / **backbone** [boun] 뼈, (기본적인) 틀

arm [ɑːrm] 팔, (정부·법률 따위의) 힘

wing [wiŋ] (새·곤충 등의) 날개, (좌익·우익의) 진영

mouthpiece [máuθpi:s] 대변자

brain [brein] 뇌, 두뇌

muscle [mʌ́s-əl] 근육, 압력, 강제

elbow [élbou] 팔꿈치로 밀어제치고 나아가다

support [səpɔ́ːrt] 지탱하다, 지지하다, 원조하다

lean [liːn] 기대다, 의지하다

prop [prɑp] 버티다, 지지하다

shore [ʃɔːr] 지주로 받치다, (통화·가격 등을) 강화하다

body

신체의 각 기관이 서로 협력하듯이 어떤 일을 함께 하는 의미로 확대가 된다.

❶ 특정한 상황이나 문제를 처리하기 위하여 공식적으로 결성된 사람들의 모임

> The state government has set up a new body to inspect nursing homes.
> 그 주 정부는 양로원을 감독할 새로운 단체를 만들었다.

단순한 사람들의 집단을 가리키기도 한다.

> There is a large body of people who would use public transportation if fares were cut.
> 요금이 만일 저렴하면 대중교통을 하는 사람들이 많아질 것이다.

❷ 많은 양의 지식이나 정보 혹은 일

> There is a growing body of evidence to support this theory.
> 이 이론을 지지 할 증거들이 많이 있다.

❸ 부록이나 색인이 아니라 책 혹은 서류의 주요 부분

> These films represent a major body of work.
> 이 영화들은 일의 중요한 부분을 나타낸다.

❹ 엔진이나 바퀴를 제외한 자동차 혹은 비행기의 주요 외부 부분

> The body of the aircraft remained intact after the crash.
> 비행기의 몸체는 사고 이후에도 손상되지 않았다.

head

머리는 인체 중 가장 중요한 부분이기 때문에 다음과 같은 의미로 확대가 된다.

❶ 그룹의 리더 혹은 가장 중요한 사람

81

The ceremony was attended by the heads of government from eleven countries.
그 의식에 11개 나라에서 온 행정 수반이 참석했다.

그래서 다음 예에서 명사 head는 대통령을, 동사 head는 '이끌다'는 뜻을 가진다.

The head of the SS lived in Berlin during World War II.
히틀러의 친위대원인 SS의 우두머리가 2차 세계대전 동안 베를린에서 살았다.

His sister heads the policy unit.
그의 여동생이 정책 분반을 이끌고 있다.

곧, head의 의미는 머리에서, 지도자 그리고 지도자의 통치 행위라는 의미로 뜻이 확대된다.

face

우리는 상대방을 볼 때 얼굴을 먼저 쳐다보는 경향이 있다. 그래서 특정한 태도, 감정, 그리고 행동 방식을 나타내는 것으로 의미가 확대된다.

This is the new face of banking in America.
이것이 미국 은행의 새로운 국면이다.

어려움이나 불쾌한 것을 다루는 상황을 나타낸다.

They won in the face of stiff competition from all over the country.
그들은 전국의 힘든 시합에서 승리를 했다.

사람들이 공공연히 창피를 당하는 경우는 'lose face'라고 한다.

We need to find a way to end the conflict without either side losing face.
우리는 두 쪽이 체면을 잃지 않고 갈등을 종식 할 방법이 필요하다.

eye

우리는 눈으로 이 세상을 바라본다. 그러기 때문에 '눈'은 사람들이 상황을 판단하는 방법과 관련이 된다.

> I tried for a moment to see the situation through her eyes.
> 나는 한 동안 그 여자의 관점을 통해 상황을 바라 볼 필요가 있다.

nose

우리 인간은 코로 냄새를 맡고, 동물들은 우리 인간보다 후각이 특히 발달되어 있다. 그래서 '코'는 어떤 것을 찾기 위한 본능(instinct)과 관련이 된다. 또한 어떤 물체, 특히 비행기의 앞부분을 가리키기도 한다.

> He had a nose for a good news story.
> 그는 특종을 찾는데 능력이 있다.

tooth

동물들은 이빨을 이용해 다른 동물들을 사냥한다. 그래서 이빨은 공격, 힘 등을 상징한다.

> The new regulations give the planning committees more teeth.
> 그 규제 때문에 준비 위원회는 더 힘을 받는다.

또한 이빨의 배열 모양과 기계의 면이 유사한 경우도 tooth를 쓴다.
> the teeth on a saw / gear / comb

tongue

인간이 말을 하기 위하여 사용하는 조음 기관이 있지만 가장 중요한 것은 '혀'이다. 그래서 tongue는 '언어'를 의미한다.

> English was clearly not his native tongue.
> 영어는 그의 모국어가 아니다.

또한 우리는 '혀'를 이용해 사람을 설득하기도 하고 독설을 퍼붓기도 하기 때문에 '혀'는 다음과 같은 뜻이 있다.

> She has a very sharp tongue.
> 그 여자는 심한 독설을 퍼붓다.
>
> I hope you've not allowed yourself to be persuaded by Laura's silver tongue.
> 나는 당신이 그 여자의 달콤한 말에 넘어가지 않았으면 좋겠다.

lip

'혀'와 같이 입술도 조음과 관련이 있다. 특히 입술은 무례하고 불경스런 말과 관련이 있다.

> Don't give me any more of your lip, Sara!
> 더 이상 입을 함부로 놀리지 말라!

ear

탈무드라는 책에서 보듯이 귀가 두개 있는 이유는 다른 사람의 말을 잘 경청하라는 암시를 담고 있다. 그래서 '귀'는 음악, 언어, 그리고 말하는 방법에 민감하거나 능력이 있다는 것을 나타낸다.

> She has a very good ear for music.
> 그는 음악에 재능이 있다.

또한 밀 혹은 옥수수와 같은 식물의 가장 윗부분을 ear라고 한다.
> ear of corn

shoulder

'어깨'는 무거운 짐을 메고 갈 때 지탱하는 몸의 일부이기 때문에 책임감을 진다는 것을 암시한다.

> The hopes of the nation are on his shoulders.
> 그 나라의 희망이 그의 어깨 위에 있다.

heart

'심장'은 신체내의 피를 순환하는 기능을 맡고 있기 때문에 특정 체계 혹은 조직의 가장 중요한 부분을 가리킨다.

> These questions go to the heart of the current debate.
> 이 질문은 현재하고 있는 토론의 중심 부분이다.

또한 심장이 우리 몸의 중앙에 위치하고 있기 때문에 어떤 장소의 중앙을 'heart'라고 한다.

> They live in the heart of the city's medieval quarter.
> 그들은 그 도시의 오래된 지역의 중심에 살고 있다.

hand

'손'을 이용해 다른 사람을 돕기 때문에 hand는 'help'를 나타낸다.

> Can you give me a hand with these boxes?
> 이 상자를 드는데 도움을 줄 수 있느냐?

'박수를 치다'는 hand앞에 형용사 big을 첨가한다.

> Let's give the children a big hand.
> 그 어린이들에게 박수갈채를 보내자.

stomach

냄새가 역겨운 것을 맡으면 '위'에 있는 음식물이 넘어오려는 경우가 많다. 그래서 '위'는 불쾌한 상황에 대한 반응으로 의미가 확대된다.

> She couldn't stomach the sight of him.
> 그 여자는 그를 보고 참을 수가 없었다.

guts

85

guts는 배안에 있는 '내장' 모두를 가리키기 때문에, 또한 우리말에도 '그 사람은 뱃장이 두둑하다'란 말에서 알 수 있듯이, 단호한 결심이나 행동을 암시한다.

> That's what you need to be a referee, guts.
> 그것이 당신이 심판이 되기 위하여 필요한 것이다.

blood

현대 의학이 발달하기 이전까지는 우리 몸 안에 있는 피의 성분에 따라 여러 가지 기분이 생긴다고 믿었다. 그래서 감정과 관련이 있다. 또한 인종적 혹은 가문의 유래를 나타내기도 한다.

> They never fail to remind people that they have royal blood in their veins.
> 그들은 사람들에게 그들이 왕족임을 꼭 상기시킨다.

그리고 '피'는 잔혹함과 죽음을 상징한다.

> The conflict continued for years, with a lot of blood spilled on both sides.
> 전쟁이 오랫동안 있었고 그 결과로 양쪽에 많은 인명 피해가 있었다.

bone / skeleton / backbone

뼈(bone)는 우리 몸을 지탱하기 때문에 의미가 확대되는 경우 어떤 것의 요약, 본능적인 힘, 그리고 용기를 나타낸다. skeleton은 가장 중요한 부분을 나타낸다. 그리고 backbone은 거대한 구조의 가장 중요한 부분을 암시한다. 그리고 단호함도 나타낸다.

> Martha will do whatever Walter tells her, she has no backbone.
> 그 여자는 그 남자가 자신에게 말한 것을 모두 할 것이다. 그 여자는 단호함이 없다.

조직은 몸으로 이미지화 된다.

AN ORGANIZATION IS A BODY
조직은 몸이다

조직은 몸이고 어떤 조직에 속한 부서(section)는 몸의 일부라고 이미지화 된다.

There are a number of national bodies that work in this area.
이 지역에서 일하고 있는 많은 전국적인 단체가 있다.

He is head of a large corporation.
그는 거대한 회사의 책임자이다.

The research arm / wing of the company was based in Palo Alto.
그 회사의 연구 팀은 Alto에 있다.

She served as the mouthpiece of the organization.
그 여자는 그 회사의 대변인으로 활동했다.

The public face of the corporation is environmentally friendly.
그 회사는 공식적으로는 환경 친화적이다.

Only a skeleton staff worked during the holiday period.
단지 최소한도의 인원만이 휴일에 일했다.

These three departments form the backbone of our operation.
세 부서가 우리 작전의 중심을 차지하고 있다.

Who is the brains behind this initiative?
이 제안을 누가 했니?

또한 조직과 더불어 영어 원어민들은 섹스 행위도 하나의 물건으로 간주한다.

She never thought of having sex with him.
그 여자는 결코 그 남자와 섹스 하는 것을 생각하지 못했다.

He could not understand why his girl friend did not want him.
그는 자신의 여자 친구가 자기를 원하지 않는 이유를 이해 할 수 없었다.

노력(effort)은 신체의 일부를 쓰는 것으로 개념화된다.

Does she have the backbone to stand up to them? Or will she just give in?
그 여자는 그들을 돕기 위해 노력을 할 것 같은가? 아니면 포기 할 것 같은가?

They only succeeded by using their political muscle.
그들은 자신들의 정치적인 힘을 사용하여 성공 할 수 있었다.

Put a little more elbow grease into it.
일이 잘 되게 하자.

My heart's not really in it.
나는 그것에 관심이 없다.

I had to sweat my guts out to get it done in time.
나는 제때 그것이 행해지도록 열심히 일했다.

We all need to put our shoulders to the wheel.
우리가 한 몫 거들자.

Just try to put your best foot forward now.
전력을 다하자.

I've been keeping my nose to the grindstone.
나는 열심히 일했다.

He was the kind of boss who liked to get his hands dirty.
그는 부정한 방법으로 하기를 좋아하는 사장이다.

영어는 다음처럼 도움(help)을 신체 혹은 신체의 일부를 이용해 어떤 것을 지탱 혹은 지지(support)하는 것으로 이미지화 된다.

You can rely on their support.
당신은 그들의 지지를 받을 수 있다.

You can always lean on me.
당신은 나에게 항상 의존 할 수 있다.

I need someone to hold my hand : I can't do it alone.
나는 도와 줄 사람이 필요하다. 나 혼자서는 그것을 할 수 없다.

Let me lend a hand.
도와주세요.

They gave me a helping hand.
그들이 나를 도와주었다.

She put her life in their hands.
그들에게 그 여자는 자신의 삶을 맡겼다.

The government stepped in to prop / shore up the fishing industry.
그 정부는 수산업을 후원 할 방법을 찾았다.

They made some constructive comments(suggestions).
그들은 몇 가지 건설적인 제안을 했다.

She's a pillar of the community.
그 여자는 그 사회의 중심이다.

연습문제

A. 다음 문장을 해석하시오.

1. He has a good hand.

2. She has a good head.

3. They have good legs.

4. He has a good eyes.

B. 다음 문장을 해석하시오.

1. They head up the overseas section.

2. Peace finally came, but a great deal of blood was lost in the process.

C. 밑줄에 들어 갈 적당한 단어를 보기에서 고르시오.

| stomach | hand | blood | guts | body | heart | tongue |

1. Like many Canadians, she had some Scottish _____.

2. She had the _____ to decide what she wanted and go for it.

3. It takes a lot of _____ and hard work to get where he is.

4. Losing to their rivals was difficult to _____.

5. Do you need a _____ with the dusting?

6. Cost-cutting is at the _____ of their development plan.

7. They were speaking in some foreign _____.

8. He is not mentioned in the main _____ of the text.

9. The Senate is the official _____ that deals with these issues.

10. The American Bar Association is a recognized professional _____.

11. Lydia said she would lend a _____ with the costumes.

unit 5
Container 그릇 Image

words bank

reduce [ridjúːs] (양·액수·정도 따위를) 줄이다, 격하시키다(lower)

full [ful] 가득한, 한창의

empty [émpti] 빈, 쓸데없는, (마음) 허탈한

fill [fil] 채우다, (결함을) 메우다, (마음을) 채우다, 뿌듯해지다

pour [pɔːr] 따르다, (탄환·조소·경멸 따위를) 퍼붓다

well [wel] 솟아 나오다, (생각 등) 치밀어 오르다
  Tears welled up in his eyes.
  그의 눈에서 눈물이 넘쳐흘렀다.

overflow [òuvərflóu] (물 따위가) 넘쳐흐르다, 가득 차다
  The goods overflowed the warehouse.
  상품이 넘쳐서 창고에 다 못 들어갔다.

burst [bəːrst] 폭발하다, (가슴이) 터질 것 같다

contain [kəntéin] 담고 있다, (감정 따위를) 안으로 억누르다, 참다
  The rock contains a high percentage of iron.
  이 광석은 철의 함유량이 높다.

brim [brim] 가장자리까지 차다, 넘치도록 채우다
  Tears brimmed in her eyes.
  눈은 눈물로 그득했다.

remain [riméin] 남아 있다, 결국 …의 것으로 돌아가다
  This problem remains to be solved.
  이 문제 해결은 뒷날로 미루어진다.

search [səːrtʃ] (장소를) 찾다, (상처·감정 따위를) 살피다

fix [fiks] 고착시키다, (습관·관념·견해 따위를) 고정시키다

stick [stik] 찌르다, 빠져서 움직이지 않게 하다

open [óupən] (문 따위가) 열린, (성격·태도 등이) 솔직한

close [klouz] (눈을) 감다, 종결하다, (계약을) 맺다, 체결하다

content [kántent] (구체적인) 내용, (서적 따위의) 목차, (어떤 용기의) 용량

central [séntrəl] 중심의, 기본적인, (장소 등이) 편리한

hole [houl] 구멍, 함정, 결함

peripheral [pərífərəl] 주위의, 중요하지 않은

core [kɔːr] (과일의)속, 핵심

skirt [skəːrt] 둘러싸다, (문제 따위를) 피해가다

우리말에도 '요즘 철수는 술독에 빠져 산다'는 표현이 있듯이 영어도 술 취한 상태는 술 독 안에 있는 상태로 보기 때문에 위에서 전치사 in을 통해 표현하고 있다.

In his drunken state, he believes that the only way to win her back is to have sex with her.
술에 만취된 그는 그 여자를 차지하는 방법은 그 여자와 섹스 하는 것이라고 생각했다.

우리의 몸을 그릇으로 인식한다.

She fell **in** love with Mr. Lee.
그 여자는 Lee와 사랑에 빠졌다.

자아도 그릇으로 본다. 그 이유는 용기 안에 물이 담겨 있듯이 우리 몸 안에 자아, 감정, 기쁨, 그리고 슬픔 등이 담겨 있는 것으로 비유되기 때문이다.

SELF IS ORGANIC CONTAINER
자아는 그릇이다

He is **reduced** to a pathetic child.
그는 징징 보채는 아기 되었다.

They complement each other well, but sometimes have trouble seeing each other person's **side**.
그들은 서로를 보완해주지만 때로는 상대편의 입장을 이해하지 못한다.

인생도 그릇 이미지이다.

LIFE IS A CONTAINER
인생은 그릇이다

Get the **most out of life**.
삶을 최대한 활용하라.

인생이란 그릇을 채우고, 비워있는 것으로 영어는 표현된다.

Live your life to the fullest.
당신은 삶을 충실하게 살아라.

Life is empty for her.
그 여자에게 삶은 공허했다.

There is not much left for her in life.
그 여자의 삶에 남은 것은 별로 없다.

사랑도 그릇 안에 있는 액체이고 이 그릇을 채우고, 비우고, 그리고 때로는 넘치는 것으로 이미지화 된다.

LOVE IS A FLUID IN A CONTAINER
사랑은 그릇속의 액체이다

He was filled with love.
그는 사랑으로 충만하다.

She poured out his affections on her.
그녀에게 애정을 쏟았다.

Warm feelings welled up inside her.
그 여자의 마음속에서 온정이 샘물처럼 솟구쳐 올랐다.

He overflowed with love.
그는 사랑으로 넘쳐흘렀다.

두 남녀 사이는 전쟁 상태를 넘어서게 되는 경우에 영어는 다음과 같은 표현을 쓴다. 여러 감정처럼 행복도 그릇 안에 있는 액체로 보게 된다.

HAPPINESS IS A FLUID IN A CONTAINER
행복은 그릇 안의 액체이다

The sight filled him with joy.
그 장면 때문에 그는 기쁨에 넘쳤다.

I was **bursting** with joy.
나는 기쁨에 넘쳤다.

He **overflowed** with happiness.
그는 행복에 충만했다.

He could not **contain** his joy any longer.
그는 더 이상 기쁨을 감출 수가 없다.

I **brimmed over** with happiness when I saw her.
내가 그 여자를 보았을 때 행복에 넘쳤다.

눈에 보이지 않는 우리의 마음이나 생각을 미국인은 용기(그릇)안에 담아져 있고 이것이 안에 저장되어 있거나 밖으로 나오는 것으로 이미지화 한다.

MIND IS A CONTAINER
정신은 그릇이다

The memory of that day is still fresh **in** my mind.
그 날의 기억은 내 마음에 생생하다.

A few doubts **remained** at the back of my mind.
의심이 든다.

His head is **filled** with useless facts and figures.
그의 머리는 효용 없는 사실과 수치들로 가득 찼다.

I've been **searching** my memory, but I still don't know who she is.
나는 내 기억을 찾았지만 나는 여전히 그 여자가 누구인지 모른다.

Try to relax : **empty** your mind.
편안해라, 그리고 마음을 비워라.

The name was **fixed** / **stuck** in her mind.
그 이름이 그 여자의 마음에 항상 있다.

I have my suspicions, but I'm trying to keep an **open** mind.
의문은 들었지만 항상 마음을 열었다.

His mind is **closed to** any new ideas.
그의 마음은 어떤 새로운 생각에 근접했다.

논쟁의 목표, 방향, 진행들을 강조하는 경우는 여행에 비유하지만 만일 논쟁의 내용이 있거나 없거나 하는 것을 부각하는 경우는 용기에 비유된다.

ARGUMENT IS A CONTAINER
논쟁은 그릇이다

I am tired of her empty arguments.
나는 그 여자의 공허한 논증이 이제 지긋지긋하다.

Her argument does not have much content.
그녀의 논증은 내용이 없다.

That argument has holes in it.
논증에 허점이 있다.

Those point are central to the argument - the rest is peripheral.
그 논점은 그 논쟁의 중심이지만 나머지는 주변이다.

I still have not gotten to the core of her argument.
나는 아직 그 여자의 논증의 핵심을 찾지 못했다.

논쟁의 측면 중 진행 방향과 내용을 모두 부각하는 경우도 있다.

If we keep going the way we are going, we will fit all the facts in.
우리가 가고 있는 길을 계속 가면, 우리는 모든 사실을 짜 맞추어 넣게 될 것이다.

영어 원어민들은 가치(value)도 그릇으로 본다.

They talk but completely skirt the issue of sex entirely.
그들은 성 문제를 완전히 피했다.

우리 인간의 말은 그릇 속에 담겨 있고 일정한 관을 따라 전달이 된다고 미국 원어민들은 이미지화한다.

LINGUISTIC EXPRESSION IS CONTAINER
언어표현은 그릇이다

the contents of an essay
수필 내용

put ideas into words
아이디어를 말로 표현하다.

empty words
공허한 말

연습문제

A. 밑줄에 들어 갈 단어를 보기에서 고르시오.

> full   entered   contained   pushed / drove

1. I _____ the thought out of my mind.

2. The idea never _____ my head.

3. Her life _____ a great deal of sorrow.
   그 여자의 인생은 슬픈 나날이었다.

4. My mom have had a _____ life.
   어머니는 삶을 충실히 살았다.

B. 다음 예문에서 미국인들은 섹스를 어떤 이미지로 보고 있는가?

1. Bob could barely contain his sexual desire.

2. Their sexual tensions exploded last night.

3. Masturbation could not alleviate the sense of despair that resided in Bob's heart.

unit 6
Magic 마술 Image

words bank

charm [tʃɑːrm] 매력(fascination), (여자의) 아름다운 용모, 요염함

entrance [éntrəns] 입구, 기회

bewitch [biwítʃ] 마법을 걸다, 매혹하다, 황홀케 하다

spell [spel] 주문, 매력(charm), 매혹(fascination)

hypnotize [hípnətàiz] 최면술을 걸다, 암시를 주다

electricity [ilèktrísəti] 전기, (사람에서 사람에게 전달되는) 강한 흥분
    magnetic electricity 자기전기
    negative / positive electricity 음 / 양전기

gravitate [grǽvətèit] 중력에 끌리다, (자연히) 끌리다(사람·사물에)
    The earth gravitates toward the sun.
    지구는 태양에 끌린다.

spark [spɑːrk] 불꽃이 튀다, 재치가 번득이다, (흥미·기운 따위를)고무하다

attract [ətrǽkt] (주의·흥미 등을) 끌다, 매혹하다

magnetic [mæɡnétik] 자석의, 매력있는

revolve [riválv] 회전하다, (마음속을) 맴돌다, 궁리하다, 곰곰이 생각하다
    The earth revolves on its axis.
    지구는 지축을 중심으로 자전하다.

engulf [enɡʌ́lf] (늪·깊은 속·파도 등의 속으로) 삼켜 버리다, 몰두케 하다
    The boat was engulfed by waves.
    보트는 파도에 휩쓸려 들어갔다.

immerse [imə́ːrs] 가라앉히다, 몰두시키다

lust [lʌst] (강한) 욕망, 갈망, 관능적인 욕망

erection [irékʃən] 건설, 설립

자기가 좋아하는 이성을 만나면 가슴이 설레고 가슴이 두근거리는 것은 시대를 막론하고, 동서양의 구분이 따로 없는 것 같다. 우리 한국어에도 사랑을 하면 "눈에 콩깍지"가 씌었다는 표현을 많이 하는데 영어도 서로 좋아하는 남녀가 만나는 사랑의 신비를 다음과 같이 표현 한다.

LOVE IS MAGIC
사랑은 신비이다

I am charmed by her.
나는 그 여자에게 매료되었다.

I was entranced by him.
나는 그 남자에게 매료되었다.

He cast his spell over me.
나는 그 남자의 마술에 걸렸다.

I was spellbound.
나는 마술에 걸렸다.

She is bewitching.
그녀는 넋을 빼앗는다.

She has me in a trance.
그 여자는 나를 황홀경에 빠뜨린다.

He had me hypnotized.
나는 그 남자의 최면에 빠져있다.

남녀간에는 서로 맞는 짝이 있는 이유는 보이지 않는 물리적인 힘이 있기 때문이다.

LOVE IS PHYSICAL FORCE
사랑은 물리적인 힘이다

I could feel the electricity between us.
우리들 사이에 전기가 통했어.

They gravitated to each other immediately.
그들은 첫눈에 뿅 갔다.

There were sparks.
불꽃이 있었다.

They are uncontrollably attracted to each other.
그들은 서로 끌렸다.

She was magnetically attracted to him.
그녀는 그 남자에게 자석처럼 끌렸다.

Her whole life revolves round him.
그 여자는 그 남자 주위만 맴돌아.

물리적인 힘을 영어는 중력(gravitation)과 자력(magnetic) 그리고 전기(electricity) 등의 단어를 사용한다. 또한 영어는 다음처럼 사랑이란 인간의 힘으로는 어쩔 수 없는 자연의 힘으로 보고 있다.

LOVE IS A NATURAL FORCE
사랑은 자연력이다

We were engulfed by love.
우리는 사랑에 푹 빠져 있다.

He was deeply immersed in love.
그는 사랑에 푹 빠져 있다.

We were riding the passions.
우리는 사랑의 열정을 타고 있다.

He let himself go.
그는 사랑의 자제력을 잃고 있다.

섹스도 자연력으로 영어 원어민들은 이미지화 한다.

SEX IS PHYSICAL FORCE
섹스도 자연력이다

They begin to get more physically involved.
그들은 좀 더 육체적으로 깊어졌다.

His lustful actions will not stop.
그의 음탕한 행동은 멈추지 않았다.

By now Jack had a firm erection and was panting heavily.
지금쯤 Jack은 완전히 발기가 된 채 숨을 헐떡이고 있었다.

After pumping full of a new drinks, he began to make moves on her.
몇 잔을 마신 후 그는 그 여자에게 다가갔다.

연습문제

○ 사랑을 미술 이미지가 있다는 것을 보았다. 다음의 예들은 물리적인 힘과 관련되어 자주 쓰이는 단어이고 밑줄에 적당한 단어를 넣어라.

> squeezed   dragged   pressure   hauled / pulled
> pressing   pressured   pushed

1. They put _____ on him to go.

2. I was under a lot of _____.

3. I felt very _____.

4. She _____ me into agreeing.

5. He was _____ in by the police for questioning.

6. They _____ a confession out of him.

7. The country was _____ into war.

8. They kept _____ me for an answer.

unit 7
Seeing 보기 Image

words bank

see [siː] 보다, 경험하다, 인정하다, 이해하다, 알다

recognize [rékəgnàiz] 알아보다, 인정하다

know [nou] 알다, 이해하다

clear-sighted [klíər sáitid] 시력이 날카로운, 선견지명이 있는

foresee [fɔːrsíː] 예견하다, 미리 알다

perception [pərsépʃən] 지각, 견해

obvious [ábviəs] 명백한, 이해하기 쉬운

clear [klíər] 맑은, (두뇌 따위가) 명석한, 이해된, 죄 없는

transparent [trænspέ-ərənt] 투명한, 솔직한

read [riːd] (책·편지 따위를) 읽다, (외국어 따위를) 이해하고 읽다, (표정 따위에서 사람의 마음·생각 등을) 읽다

grasp [græsp] 붙잡다(grip), 이해하다

grip [grip] 꽉 쥐다, 이해하다(comprehend)

grapple [græpəl] (붙)잡다, 해결하려고 고심하다

slippery [slípəri] (길·땅 따위가) 미끄러운, 파악할 수 없는, 교활한(tricky)

hold [hould] 유지하다, (마음에) 품다(cherish), 생각하다

bright [brait] (반짝반짝) 빛나는, 영리한, 명랑한

brilliant [brait] 빛나는, 빛나는, 머리가 좋은

shine [ʃain] 비추다, 눈에 띄다, 두드러지다

103

dazzle [dǽzəl] (강한 빛 따위가) …의 눈을 부시게 하다, 현혹시키다

sparkle [spάːrk-əl] 불꽃, 생기, 재치

flash [flæʃ] 빛나다, 번쩍하다, (생각이) 문득 떠오르다

dull [dʌl] (날 따위가) 둔한, 우둔한, (이야기·책 따위가) 재미없는

sharp [ʃɑːrp] 날카로운, (비탈 등이) 가파른, (머리 따위가) 예민한(acute)

cut [kʌt] (칼 따위로) 베다, (이익을) 분배하다, 공유하다

dissect [disékt, dai-] 해부하다, 분석하다

keen [kiːn] 날카로운, 통렬한(incisive), (지력·감각·감정 따위가) 예민한
    a keen blade 잘 드는 날
    a keen wind 살을 에는 듯한 바람
    a keen satire 신랄한 풍자

pointed [pɔ́intid] 뾰족한 끝이 있는, 신랄한, 명백한

incisive [insáisiv] 날카로운, 신랄한

explore [iksplɔ́ːr] (미지의 땅·바다 등을) 탐험하다, (사건 등을) 조사하다

map [mæp] 지도를 만들다, (상세히) 계획하다

approach [əpróutʃ] 접근하다, (문제 등을) 다루다

guide [gaid] 안내자, 입문서

navigate [nǽvəgèit] (바다·하늘을) 항행하다, (법안 따위를) 통과시키다

learn [ləːrn] 배우다, 익히다, 알다

uncharted [ʌntʃάːrtid] 지도에 실려 있지 않은, 미지의

illuminate [ilúːmənèit] 조명하다, (문제 따위를) 설명[해명]하다

dark [dɑːrk] 어두운, 어리석은, 사악한

shadowy [ʃǽdoui] 그림자가 있는, 공허한

dim [dim] (빛이) 어둑한, (기억 따위가) 희미한, 우둔한(stupid)

cover [kʌ́vər] 덮개, 구실

hide [haid] 숨기다, 비밀로 하다
The moon was hidden by the clouds.
달이 구름에 가려졌다.

conceal [kənsíːl] 숨기다, 비밀로 하다.
The tree concealed her from view.
나무 때문에 그녀의 모습은 보이지 않았다.

bury [béri] (흙 따위로) 덮다, 묻어 버리다, (애써) 잊어버리다

cloak [klouk] (보통 소매가 없는) 외투, 구실(pretext)

shroud [ʃraud] 수의, 덮개

veil [veil] 베일, 핑계

paper [péipər] 종이로 싸다, (불화·결점 등을) 숨기다

wrap [ræp] 포장하다, (사건·진의 등을) 숨기다

blackout [blǽkàut] 등화관제, 의식의 일시적인 상실.

whitewash [hwáitwɔ̀ʃ] 흰 도료를 칠하다, 속이다

reveal [rivíːl] (숨겨졌던 것을) 드러내다, 폭로하다
Research revealed him to be a bad man.
조사 결과 그는 나쁜 사람임이 드러났다.

expose [ikspóuz] (햇볕·바람·비 따위에) 노출시키다, (위험 따위에) 몸을 드러내다, (죄·비밀 따위를) 폭로하다

leak [liːk] 새어나오다, (비밀 등이) 누설되다
This camera leaks light.
이 카메라는 빛이 샌다.

spill [spil] (액체·가루를) 엎지르다, (정보·비밀을) 폭로하다

어떤 것을 이해하는 것은 보는 것이고 이해하기 쉬운 것이라면 보기 쉬운 것으로 이미지화 된다. 그 이유는 지식은 용기 안에 담겨져 있는 것으로 보고 뚜껑이 닫힌 그릇은 안을 볼 수 없기 때문에 이해할 수 없는 것으로 이미지화된다. 그러나 뚜껑을 열어 보게 되면 이해하거나 아는 것으로 이미지화된다.

UNDERSTANDING IS SEEING
이해하는 것은 보는 것이다

The world will not understand if you just turn a blind eye to the truth and pretend it is nothing to do with you.
만일 당신이 진실에 눈이 멀고 그것이 당신과 아무런 관련이 없다고 여기면 세상을 이해 할 수 없다.

I see what you mean.
나는 당신이 의미하는 것을 이해한다.

They recognized the fact that they needed to improve.
그들은 그들이 향상되기를 원하는 사실을 인정했다.

She has great insight and will know what to do.
그 여자는 통찰력이 많아서 무엇을 해야 할지 알 것이다.

I could not foresee what would happen.
나는 무엇이 발생했는지 예견 할 수 없다.

He's very clear-sighted.
그는 선견지명이 있다.

There was a change in the public perception of education.
대중 교육에 큰 변화가 있다.

The answer is very obvious.
대답이 명확했다.

She had a clear understanding of what was involved.
그 여자는 관련된 것에 대해 이해가 철저했다.

Their motives are transparent.
그들의 동기는 명확하다.

How did you know? You must have read my mind.
너는 어떻게 알았니? 나는 내 마음을 읽어야 한다.

I can read him like a book.
나는 그를 아주 잘 안다.

They turned a blind eye to what was happening there.
그들은 거기에서 발생한 것에 대해 모른다.

다음으로 native speaker들은 어떤 것을 이해하는 것은 접촉(touch)하는 것으로 본다. 그 이유는 어떤 것이 허공을 떠돌아다니는 것은 이해를 하지 못하는 것으로 이미지화한다. 하지만 허공에 있는 것을 붙잡는 것은 이해하는 것으로 개념화되기 때문이다.

She has a good grasp of Japanese.
그 여자는 일본어를 잘한다.

I need to get to grips with the subject.
나는 그 주제를 알 필요가 있다.

I'm still grappling with the basics.
나는 여전히 기본을 하고 있다.

I couldn't put my finger on it, but there was definitely something wrong.
나는 정확히 지적 할 수는 없지만 무엇인가 잘못 된 것이 있다.

Such abstract concepts can be very slippery.
그런 추상적인 개념은 아주 이해하기 어렵다.

It's quite a difficult idea to get hold of.
이해하기 어려운 개념이다.

영어 원어민들은 지성(intelligence)을 빛(light)으로 이미지화하고, 사람이 총명 할수록 더 밝다고 생각한다.

She is one of the brightest children in the class.
그 여자는 그 학급에서 아주 총명한 아이이다.

He is the most brilliant scholar in his field.
그는 그 분야에 가장 우수한 학자이다.

She shines at languages.
그 여자는 언어를 잘한다.

She outshines everyone else.
그 여자는 다른 사람보다 낫다.

I had a sudden flash of inspiration.
나는 갑자기 영감이 떠올랐다.

I admired his dazzling / sparkling wit.
나는 그 사람의 번뜩이는 재치에 감탄했다.

This is the work of a very dull mind.
이것은 아주 어리석은 사람의 일이다.

또한 native speaker들은 지성(intelligence)을 칼 혹은 칼날의 이미지로 보고 있다. 그래서 더 영리한 사람은 칼날이 더 날카롭다고 생각한다.

He's very sharp : he notices everything.
그는 아주 총명해서 모든 것을 알아차린다.

She has a razor-sharp mind.
그는 아주 영리하다.

I want to cut through the wordiness and get straight to the point.
나는 직선적으로 말하기 좋아한다.

We carefully dissected the problem.
우리는 그 문제를 조심스럽고 자세히 조사했다.

He has a keen intellect.
그는 아주 영리하다.

They made some pointed remarks.
그들은 몇 가지 요점이 있다.

He was an incisive critic.
그는 예리한 비평가들이다.

어떤 것에 대한 지식(knowledge)을 습득하는 경우는 어떤 장소에 대한 지도를 만들거나 그 장소를 여행 하는 이미지이다. 그리고 어떤 사람을 가르치는 행동은 그들에게 어떤 장소에 어떻게 도달 할 수 있는지를 보여주는 것으로 영상화한다.

This term, we will be exploring the psychology of sport.
이번 학기 우리는 스포츠 심리학을 연구 할 것이다.

In today's class, I will **map out** the most important concepts.
오늘 수업에서 나는 가장 중요한 개념들을 계획 할 것이다.

We can **approach** the subject from several directions.
우리는 여러 방향에서 주제를 다루었다.

Can you **give** me a few pointers? What should I read first?
나에게 조언을 줄 수 있느냐? 내가 어떤 책을 먼저 읽어야 하느냐?

It is an excellent **guide** to English vocabulary.
그것은 영어 어휘의 좋은 지침서이다.

The program allows you to **navigate** the Web more easily.
그 프로그램은 당신이 웹 사이트를 더 쉽게 찾을 수 있도록 한다.

The first step in learning a language is to **learn** its sounds.
언어를 배우는 첫 단계는 소리를 배우는 일이다.

This aspect of his work is very much **uncharted** territory.
그의 일은 계획하는 일이다.

We're on surer/ more familiar **ground** here.
우리는 여기에 더 확실한 근거가 있다.

New students have to take an **orientation** course.
신입생들이 기초 과정을 들어야만 한다.

또한 어떤 것에 대한 지식이 있는 경우는 그것에 불을 비추는 것으로, 만일 지식을 가지고 있지 않다면 어둠에 있는 것으로 이미지화 된다.

Allow me to shed / throw some **light** on the matter.
내가 그 문제에 관해 설명을 하도록 해주어라.

Can you **enlighten** me as to what your intentions are?
당신의 의도에 관해 내게 설명을 해 줄 수 있느냐?

There are a couple of points that I'd like you to **clear** up.
내가 당신에게 분명히 해두어야 할 몇 가지 요점이 있다.

Her work has greatly **illuminated** this aspect of the subject.
그 여자의 연구는 그 주제에 관하여 설명을 해주고 있다.

He kept us in the **dark** about his plans.
그는 우리에게 그의 계획을 밝히지 않았다.

The book concerns the shadowy world of espionage.
그 책은 첩보원들의 세계에 관해 다루고 있다.

I only have a dim recollection of what happened next.
나는 단지 다음에 무엇이 발생했는지에 대해 기억이 희미하다.

다른 사람이 알지 못하도록 어떤 사실을 비밀로 하는 경우는 그것을 덮거나 그릇 안에 놓아 다른 사람이 보지 못하는 이미지이다.

She accused him of covering up the truth.
그 여자는 그 사람이 진실을 은폐하는 것에 대해 비난했다.

They hid / concealed the truth as best they could.
그들은 진실을 감추려고 노력했다.

She wanted to bury the memory of that day.
그 여자는 그 날 기억을 하고 싶지 않았다.

The operation was cloaked / shrouded / veiled in secrecy.
그 작전은 비밀 속에 덮여있다.

We will draw a veil over what happened next.
우리는 다음에 무엇이 발생 할지에 대해 밝혀야 한다.

You're just trying to paper over the problem.
당신은 그 문제에 대해 얼버무리려고 하고 있다.

The project is still under wraps.
그 계획은 여전히 비밀이다.

They're keeping us completely in the dark.
그들은 우리에게 완전히 비밀로 하려고 하고 있다.

There has been acomplete news blackout.
소식을 완전히 발표하고 있지 않다.

This report is nothing but a whitewash : what really went on?
이 보고(서)는 단지 속임수이다. 진짜로 무슨 일이 있느냐?

용기의 뚜껑을 덮는 것이 비밀로 하는 이미지라면 비밀을 폭로하는 것은 그릇의 뚜껑을 열어 어떤 물건을 꺼내는 것으로 영상화된다.

He uncovered / revealed / exposed a terrible secret.
그는 아주 놀라운 비밀을 폭로했다.

After a few minutes, she began to open up and talk about her family.
잠시 후에 그 여자는 자신의 가족에 대해 말했다.

Someone leaked the information to the press.
누군가가 언론에 정보를 흘렸다.

The news had already gotten out.
그 소식은 새어나갔다.

My father let the cat out of the bag.
나의 아버지는 비밀을 폭로했다.

Do you know who spilled the beans?
누가 비밀을 흘렸는지 당신은 아느냐?

He spilled his guts to the police.
경찰에 그는 모든 것을 털어 놓았다.

연습문제

A. 두 단어 중 옳은 단어는 무엇인가?

1. You have always been very (open/closed) about your feelings.

2. He tried to (mask/open) his true feelings.

3. This (highlights/darkens) the problems of bilingual children.

4. I haven't got the (faintest/brightest) idea.

B. 다음 문장을 해석하시오.

1. I saw through him at once : I knew he was lying.

2. I'm unclear about what they did next.

unit 8
Machine 기계 Image

words bank

machinery [məʃíːnəri] 기계류, (정치 등의) 기관, 조직
  the machinery of a watch 시계의 구조
  the machinery of government 정치 기구

workings [wə́ːrkiŋ] 작용, 활동, 해결

mechanics [məkǽniks] 기계학, 기술, 기교

mechanism [mékənizəm] 구성, 기구
  the mechanism of a clock 시계의 기계
  the mechanism of government 행정 기구

mechanical [məkǽnik-əl] 기계의, 무감정한

engine [éndʒən] 엔진, 수단

engineer [èndʒəníər] 기사, 일을 솜씨 있게 처리하는 사람

tick [tik] (엔진이) 헛돌다, (일이) 늦어지다, (일이) 순조로이 되어가다

wheel [hwiːl] 수레바퀴, 자동차, 원동력, 추진력

tool [tuːl] 도구, (목적을 위한) 수단

lever [lévər] 지레, (목적 달성의) 수단

nail [neil] 못을 박다, (아무를) 꼼짝 못 하게 하다, 체포하다

forge [fɔːrdʒ] (말·거짓말 따위를) 꾸며내다, (문서 따위를) 위조하다(counterfeit)

weld [weld] 용접하다, 합치다

sharpen [ʃɑ́ːrp-ən] 날카롭게 하다, 강하게 하다

grind [graind] (맷돌로)갈다, (착취하여) 학대하다, (학문 따위를) 마구 주입시키다

rusty [rʌ́sti] 녹슨, 구식의, 못쓰게 된

fragile [frǽdʒəl] (물체 등이) 망가지기 쉬운, (체질이) 허약한, 상태가 나쁜

snap [snæp] 덥석 물기, 급변, 쉬운 것, 편한 일

apparatus [æ̀pəréitəs] (한 벌의) 장치, 기계, (정치 조직의) 기구, 기관
  a chemical apparatus 화학 기계
  a heating apparatus 난방 장치

instrument [ínstrəmənt] 기계, 수단, 방편
  drawing instruments 제도 기구
  nautical instruments 항해 계기

clockwork [klákwə̀ːrk] 규칙적, 정밀한

cylinder [sílindər] 원통, 전력을 다하고 있다
  This car has six cylinders. 이 자동차는 6기통이다.

영어의 기본 단어들 중 '기계'와 관련된 낱말의 의미를 알아보자.

machinery

이 단어는 '기계'를 나타내는 가장 일반적인 말로, 복잡하지만 체계적인 방법으로 특정한 일을 다루는 과정을 암시한다. 또한 정부와 경제 체계의 세부사항과 절차를 언급한다.

> the corporate decision-making machinery
> 회사의 의사 결정 체계
>
> the machinery of government
> 정부 체계
>
> the machinery for resolving disputes
> 논란을 해결하기 위한 체계

machinery와 유사한 단어로는 workings가 있다.

> Can you explain the workings of the stock market to me?
> 당신은 내게 증권 시장의 체계를 설명 할 수 있나요?

mechanics

이 단어는 machinery와 의미가 유사하지만 일반적인 방법이 아니라 실용적인 면이 부각될 때 쓰인다.

> the mechanics of investigative reporting
> 조사 보고에 관한 역학

mechanism

큰 체계에 속한 일부분을 가리키는 경우로, 도움이 되는 변화 혹은 사건을 나타낸다.

> a mechanism for settling disputes between trading partners
> 무역 파트너 사이의 분쟁을 해결하기 위한 기법

기대되었거나 정상적인 것을 하였을 때의 반응 혹은 행동을 기술하는 경우에는 mechanical을 쓴다. 그리고 감정보다는 실용성과 전통에 의해 통제되는 경우에도 사용된다.

Teachers shouldn't be too mechanical in their approach.
선생님들은 그들의 접근법이 너무 기계적이어서는 안 된다.

engine

engine은 사회, 경제, 그리고 정부 내에서 상황을 변화하거나 개선하는 강력한 힘을 암시한다.

The private sector is also an engine of innovation.
그 부서가 개혁을 담당하고 있다.

engineer

이 단어는 정교하고 교묘한 방법으로 어떤 것을 의도적으로 배열하고 만들 때 쓰인다.

He had engineered the trip, partly, at least, to escape from emotional unhappiness at home.
그는 집에서의 답답함을 탈출하기 위하여 여행을 준비했었다.

tick over

기계의 엔진이 낮은 속도로 작용될 때 쓰인데, 의미가 확대가 되는 경우 사업이나 조직이 효과적으로 이루어지지 않을 때 쓰인다.

The project might be kept ticking over indefinitely.
그 계획은 무기한 연기 될 것이다.

wheel

바퀴는 어떤 물체를 움직이게 하는 것이기 때문에 의미가 확대되는 경우 어떤 일

115

의 과정이 발생 혹은 이루어지는 힘을 암시한다.

>The **wheels** of government grind very slowly.
>그 정부의 원동력이 아주 서서히 진행되다.

chain

연속된 상황을 나타낸다.

>The murder began the **chain** of events that led to the fall of the government.
>그 살인이 그 정부를 몰락으로 이끄는 연쇄적인 사건들이었다.

link

두 사건이 서로 관련 되어있거나 한 상황이 다른 상황이 일어나도록 야기하는 경우에 쓰인다.

>Police have evidence **linking** Bates to a drug-importation operation.
>경찰은 Bates를 마약 수입과 관련된 증거를 가지고 있다.

>Scientists now **link** certain types of cancer to the amount of junk food that people consume.
>과학자들은 사람들이 먹는 인스턴트 음식과 암을 연관시키고 있다.

tool

어떤 일이나 목표를 달성하기 위하여 사람들이 사용하는 의미가 있다.

>Speech is a **tool** of communication.
>언어는 의사소통의 도구이다.

lever

다른 사람이 하기를 원하는 것을 하도록 하기 위하여 사용하는 것을 말한다.

> Farmers may find a lever to persuade supermarkets to stock more produce.
> 농부는 상점들이 더 많은 농산품을 저장하도록 하는 방법을 찾고 있다.

hammer

무섭거나 두려워 심장이 아주 빠르게 고동치는 경우에 사용한다.

> He could feel his heart hammering in his chest.
> 그는 심장이 뛰는 것을 느꼈다.

'비판하다'는 뜻도 있다.

> The movie was hammered by critics.
> 비평가들에 의해 그 영화는 비판받았다.

nail

아주 심하게 어떤 사람 혹은 어떤 물건에 해를 가하는 연속된 사건중의 하나를 나타낸다.

> These job losses are the final nail in the region's coffin.
> 이 직업에서 손실은 그 지역의 파멸을 자초했다.

forge

사업 혹은 정치에서 다른 사람 그리고 다른 나라와 관계를 호전시키는 경우를 암시한다.

> The company wanted to forge alliances with other motor manufacturers.
> 그 회사는 다른 자동차 공장들과 제휴하기를 원한다.

어떤 일을 달성하기 위하여 일을 열심히 하는 경우이다.

117

She forged a new career as a poet and songwriter.
그 여자는 시인 겸 작곡가로서의 일을 열심히 했다.

다른 사람을 속이기 위하여 서류를 불법으로 복사하거나 돈 혹은 예술작품을 위조하는 경우이다.

Someone forged my signature.
누군가가 내 사인을 위조했다.

The police are searching for stolen goods, forged passports, and drugs.
경찰이 훔친 물건, 위조 여권, 마약을 찾고 있는 중이다.

weld

사람이나 상황을 결합하는 경우이다.

The sky and the land are welded together in one expanse of gray.
태고 때 하늘과 땅이 결합을 했다.

sharpen

어떤 것을 더 강하게 혹은 더 현저하게 하는 경우이다.

His speech served only to sharpen the differences between the two men.
그의 말은 두 사람의 차이를 현저하게 한다.

미국인은 사람의 정신 상태를 켜짐과 꺼짐 상태, 효용성, 생산적 능력, 그리고 작동 조건과 같은 기계에 비유하고 있어 다음과 같은 표현을 자주 쓴다.

THE MIND IS A MACHINE
정신은 기계이다

I am still trying to grind out the solution to this question.
나는 이 문제에 대한 해결책을 만들어 내려고 여전히 노력하고 있다.

Boy, the wheels are turning now.
이제야 머리가 돌아가는 구나.

She is a little rusty today.
그 여자는 약간 피곤하다.

He is running out of steam.
그는 힘이 빠져가고 있다.

우리 인간은 나약한 존재이기 때문에 정신도 부서지기 쉬운 물건으로 이미지화되어 표현된다.

THE MIND IS A BRITTLE OBJECT
정신은 부서지기 쉬운 물체이다

His ego was very fragile.
그의 자아는 아주 나약하다.

Her mind snapped.
그 여자의 마음이 꺾였다.

He is easily snapped.
그는 아주 쉽게 좌절한다.

She is going to piece.
그 여자는 산산 조각 나고 있다.

그럼 다음 문장의 차이점은 무엇일까?

❶ She broke down.　　　　❷ She cracked up.

❶번은 그 여자가 몸이 아파 누웠다는 의미지만 ❷는 그 여자가 어떤 충격 등으로 인해 마음이 심난해져 폭력적일 수 있다는 것을 내포하고 있다. ❶에는 인간의 정신은 기계가 고장이 나면 작동을 하지 않은 것에, ❷는 인간의 정신은 부서지기 쉬운 것으로 보아 위험스러움을 내포하고 있다는 것을 나타내고 있다.

어떤 일을 하는 과정은 기계를 조작하는 이미지와 연관이 된다.

METHODS ARE TOOLS/MACHINE
방법은 도구/기계이다

It takes years to learn the tools of the trade.
무역의 방법을 배우는 것은 시간이 걸린다.

We have a very efficient mechanism / apparatus for dealing with this.
우리가 이 일을 다루는 데는 아주 효과적인 방법이 있다.

Some search engines are more powerful than others for retrieving information from the Web.
몇 몇 탐색 기계들이 사이트에서 정보를 빼내는데 더 효과적이다.

It is an important part of the machinery of government.
그것은 정부 구조에 중요한 부분이다.

It is an effective instrument of government.
그것은 정부의 효과적인 도구이다.

We don't have much political leverage in this matter.
우리는 이 문제에 관해 많은 정치적인 수단이 없다.

I know very little about the internal workings of the company.
나는 그 회사의 내부 구조에 대해 별로 알지 못한다.

Everything is running like clockwork.
모든 것이 정확하게 돌아가고 있다.

We're firing on all cylinders.
우리는 풀가동하고 있다.

영어는 다음 예에서 보듯이 '사회'도 기계 이미지를 통해 표현된다. 그 이유는 여러 부품이 유기적으로 협력하여 작동되듯이, 우리 사회도 여러 사람들이 모여 어떤 목적을 위해 협력하기 때문이다.

The machinery of democracy could be created quickly but its spirit was just as important.
민주주의 구조는 빠르게 형성되지만 민주주의의 정신은 중요하다.

연습문제

A. 밑줄에 들어 갈 단어는 무엇인가?

               tool   forged   tools

1. During the 1970s, the U.S. _____ trade links with China.

2. These sales forecasts are an extremely useful _____ for management.

3. Words are essential _____ for formulating and communicating thoughts.

B. 다음 예문을 해석하시오.

1. You should set the wheels in motion now.

2. We need to gear up for the final push.

3. She engineered the public relations campaign.

unit 9
Fire 불 Image
words bank

fire [faiər] 불, 정열

heat [hi:t] 열, 격노, 최고조, 흥분

hot [hi:t] 열, 격노
    the hot of the sun 태양의 열

torch [tɔːrtʃ] 햇불, 빛이 되는 것(지식·문화·자유 등)

burn [bəːrn] (불·연료가) 타다, 화끈해지다, 흥분하다

flame [fleim] 불길, 정열, 애인

melt [melt] 녹다, (감정·마음 따위가) 누그러지다
    Lead melted in the fire.
    납은 불 속에서 녹았다.

consume [kənsúːm] 소모하다, (금전·시간 따위를) 낭비하다, 사로잡다

kindle [kíndl] 불을 붙이다, 빛내다, 선동하다, 부추기다
    The policy kindled them to revolt.
    정책이 그들의 폭동을 유발하였다.

throb [θrɑb] 가슴이 고동치다, 흥분하다
    My heart is throbbing heavily.
    내 심장은 몹시 두근거리고 있다.

blush [blʌʃ] 얼굴을 붉히다
    He blushed for [with] shame.
    그는 부끄러운 나머지 얼굴을 붉혔다.

glow [glou] 불, 기쁨, 열심, 열중
    the glow of sunset 저녁놀

intoxicate [intάksikèit] 도취/흥분시키다
    He is intoxicated with victory / by success / from wine.
    그는 승리/성공/술에 취해 있다.

euphoric [juːfɔːrədʒénik] 도취감을 일으키는

drunk [drʌŋk] 술취한, (기쁨 등에) 취한

giddy [gídi] 현기증 나는, 경솔한

crazy [kréizi] 미친, 무리한, 열중한, 아주 좋은

insane [inséin] 미친, 어리석은
    He went insane. 그는 미쳤다.

wild [waild] 야생의, 야만의, 열광적인, 흥분한
    wild animals/plants 야생 동물/식물

rave [reiv] 헛소리를 하다, 사납게 날뛰다

flare [flɛər] 흔들리며 빛나다, 불끈 성나게 하다

boil [bɔil] 끓다, (사람이) 격분하다

hotbed [hátbèd] 온상, (악습 등의) 온상
    a hotbed of crime 범죄의 온상

red [red] 빨간, 좌익의

flush [flʌʃ] 얼굴 붉힘, 흥분

fume [fjuːm] 증발시키다, 노발대발하다
    He fumed because she did not appear.
    그녀가 나타나지 않아서 노발대발했다.

steam [stiːm] 김을 내다, 화내다

erupt [irʌ́pt] (화산 등이) 분화하다, (명령 따위를) 갑자기 폭발적으로 발하다.

inflammatory [inflǽmətɔ̀ːri] 열광시키는, 선동적인
    an inflammatory speech 선동적인 연설

smolder [smóuldər] 연기 나다, (분노·불만 등이) 끓다, (억압된 감정이) 밖으로 나타나다.

hysterical [histérikəl] 히스테리(성)의, 흥분한

'뜨거움'과 관련된 다음 단어들의 의미를 알아두자.

fire

'불'이 비유의 의미로 쓰이는 경우 분노 혹은 열정과 같은 강한 감정을 나타낸다.

> His words were full of fire and passion.
> 그의 말은 열정으로 가득 찼다.

'비난받다'는 뜻으로도 사용된다.

> The government will come under fire again when the latest employment figures are released.
> 최근 취업 수치가 발표되었을 때 그 정부는 비난을 받았다.

heat

강한 분노와 어떤 것을 하라고 하는 압력이란 뜻이 있다.

> He felt the heat of my glare.
> 그는 강한 내 분노를 알았다.

hot

다음과 같은 비유적인 의미에 쓰인다.
① 쉽게 화를 냄
② 사람들이 서로 반목하는 중요한 안건

> Our coach has a really hot temper.
> 우리 코치는 너무 쉽게 화를 낸다.

> Health care became a hot topic during the presidential campaign.
> 의료보험이 대통령 선거 기간동안 가장 논란이 많은 주제였다.

서로 이성간의 잡아당기는 힘에 의해 사랑이 시작되면 사랑의 불이 붙게 되는데 여기에 해당하는 영어 표현을 알아보자.

LOVE IS FIRE
사랑은 불이다

He carries a torch for her.
그는 그 여자를 짝 사랑한다.

My hear is on fire.
나는 흥분했다.

She was burning with love.
그 여자는 사랑에 빠졌다.

The old-time fire is gone.
이전의 정열이 사라졌다.

He set my heart on fire.
그는 내 마음에 불을 질렀다.

He is her latest flame.
그는 그 여자의 최근 연인이다.

The fire slowly went out.
열정이 서서히 사라지고 있다.

I just melted when she looked at me.
나는 그 여자가 나를 바라 볼 때 측은한 생각이 들었다.

She was consumed my love.
내 사랑에 그 여자는 마음을 빼앗겼다.

I don't want to get burned again.
나는 다시는 흥분하고 싶지 않다.

That kindled lover in his heart.
그의 마음에 사랑의 불을 지폈다.

사랑을 타오르는 불에만 비유되는 것은 아니다. 다음처럼 열이 올라가고, 맥박이 증가하고, 얼굴에 홍조를 띄게 되고, 앞이 안 보이게 된다.

🔴 열이 올라감

I felt **hot** all over when I saw him.
그 남자를 보았을 때 몸이 달아올랐다.

"I love you", he whispered in the **heat** of passion.
"당신을 사랑해요"라고 그는 뜨거운 목소리로 속삭였다.

🔴 맥박 증가

He had **palpitations**.
그의 가슴은 두근거렸다.

Her heart was **throbbing** with love.
그 여자의 심장은 고동치고 있었다.

She is a **heartthrob**.
그 여자의 심장은 두근거렸다.

🔴 얼굴에 홍조

She **blushed** when she saw her lover.
그녀는 연인을 보았을 때 얼굴을 붉혔다.

There was a **glow** of love in her face.
그 여자의 얼굴에는 사랑의 홍조가 있었다.

🔴 앞이 안보임

I only **have eyes** for him.
나는 그 남자만 바라본다.

She was **blinded** by love.
그 여자는 사랑 때문에 눈이 멀었다.

She saw nothing but him.
그 여자는 그 남자 밖에 모른다.

이런 사랑의 증상이 나타나면 우리는 사랑에 푹 빠지게 된다.

LOVE IS RAPTURE
사랑은 환희이다

He is intoxicated with love.
그는 사랑에 취했다.

He was euphoric with love.
그는 사랑에 취했다.

She is drunk with love.
그녀는 사랑에 취했다.

I have been high on love for weeks.
나는 수 주일동안 사랑에 취했다.

I am giddy with love.
나는 사랑에 현기증이 난다.

사랑은 미쳐야만 한다, 그래야 멋진 사랑을 할 수 있기 때문이다. 그래서 영어는 사랑을 광기로 보고 있다.

LOVE IS MADNESS
사랑은 광기이다

I am crazy about Mr. Lee.
나는 Lee에 미쳐있다.

I am insane about her.
나는 그 여자에게 미쳐있다.

She is just wild about Tom.
그 여자는 정말로 Tom에게 미쳐있다.

He drives me out of mind.
그 남자가 나를 돌게 만든다.

She constantly raves about him.
그 여자는 끊임없이 그 남자를 미친 듯이 칭찬한다.

자기가 좋아하는 이성이 만일 자기가 좋아하는 만큼 좋아하지 않는다면 그거야 어쩔 수 없는 일이겠죠. 하지만 수단 방법 가리지 않고 자기가 좋아하는 이성을 차지하려고 하는 극성파도 있을 텐데….
'화'와 관련되어 자주 쓰이는 표현을 알아보자. 화를 내는 것은 불을 지피거나 몸이 뜨거워지는 이미지이다.

She burned with indignation.
그 여자는 분노했다.

He has a fiery temper.
그는 성격이 불같다.

Jack was a hot-tempered young man.
Jack은 성질이 급한 젊은이이다.

Their parents were having a heated argument / debate about where to go.
부모님들은 어디로 가야 할지 격론을 벌였다.

She often flares up over nothing.
그 여자는 아무 일도 아닌 것에 대해 열을 낸다.

It made my blood boil.
그것 때문에 나는 화가 났다.

I lost my cool.
냉정해졌다.

우리는 화가 나면 '화가 부글부글 끓어오르다' 혹은 '뚜껑 열리다'처럼 우리 몸을 그릇으로 보고 이 그릇 안에 있는 액체가 끓어오르는 것으로 이미지화된다는 것을 알 수 있다. 한국어처럼 영어도 분노의 표현이 공통점도 있고 차이점도 있는데 이를 알아보자.
우리가 사랑을 하면 가슴이 두근거리듯이 화가 나면 생기는 생리적인 현상을 영어는 다음처럼 표현한다.

🔴 몸에 열이 남

We were having a heated argument.
우리는 격론을 벌였다.

Don't get hot under the collar.
화내지 마라.

Tim's a hotbed.
Tim은 다혈질이다.

When the police gave him a ticket, he got all hot and bothered and started cursing.
경찰이 그 사람에게 교통 딱지를 끊었을 때 그는 화를 내면서 욕설을 퍼붓기 시작했다.

🔴 몸에 열은 내부의 압력으로 바뀜

When I found out it, I almost burst a blood vessel.
내가 그것을 알았을 때는 나는 거의 열 받았다.

🔴 얼굴과 목 주변이 달아오름

She got red with anger.
그 여자는 화를 냈다.

He was flushed with anger.
그는 화가 났다.

🔴 분노가 폭발

You look upset.
당신은 화가 난 것 같다.

I was **hopping mad**.
나는 열 받았다.

He was **shaking with anger**.
그는 화가 나서 몸을 떨었다.

He's all **wrought up**.
그는 완전히 열 받았다.

위를 통해 영어는 분노를 그릇 안에 있는 물이 가열을 받아 끓어오르는 것으로 이미지화하는 것을 알 수 있다. 이는 마치 우리가 가스렌지 위에 주전자가 있고 이 주전자 안에 물이 끓어 넘치는 것으로 보면 된다. 그럼 왜 분노를 담고 있는 우리 몸을 그릇으로 보는 이유는 무엇인가? 다음 예들이 이를 증명하고 있다.

She was **filled** with anger.
그 여자는 분노로 가득 찼다.

He couldn't **contain** his rage.
그는 분노를 억제 할 수 없었다.

Try to get your anger **out of your system**.
화가 났다.

He was **brimming** with rage.
그는 화가 났다.

담아져 있는 액체가 가열되면 끓어오른다.

My anger kept **building up** inside me.
내 내부에서 화가 치밀어 오르고 있다.

His pent-up anger **welled up** inside him.
그의 분노는 내부에서 쌓여 갔다.

We got a **rise** out of him.
우리는 그 사람 때문에 열 받았다.

아주 격심한 분노를 미국인들은 주전자에서 김이 빠져 나가듯이 우리 몸에서 증기 (steam)가 **빠져 나가는** 것으로 이미지화한다.

I was **fuming**.
나는 화가 났다.

He got all steamed up.
그는 화가 났다.

Tim is blowing off steam.
Tim은 화가 났다.

때로는 폭발하는 것으로도 이미지화되어 다음과 같은 표현을 쓴다.

When I told her, she exploded.
내가 그 여자에게 말을 했을 때 그 여자는 화를 냈다.

He blew up at me.
그는 내게 화를 냈다.

폭발을 하는 도구를 영어는 다음처럼 서로 다르게 표현하는 경우도 있다.

He erupted.
그는 화가 났다.

I blew a fuse.
나는 화가 났다.

That really set me off.
그것은 나를 열 받게 한다.

화산이 폭발하고, 전기 퓨즈가 나가고, 폭탄이 터지는 것에 비유하고 있다. 사람이 화가 나서 폭발하는 경우 우리 몸의 신체 일부가 위로 올라가는 이미지를 통해 영어는 표현한다.

I went through the roof.
나는 화가 났다.

He hit the ceiling.
그는 화가 났다.

He flipped his lid.
그는 화가 났다.

She blew my top.
그 여자는 화가 났다.

우리말은 '끓어오르는 통분'과 '분노가 밀려오다' 그리고 '분노를 삼키다'처럼 물건, 음식물, 파도 등으로 개념화하지만 영어는 다음처럼 분노를 '불', '열', '광기', 그리고 '적대자' 등으로 본다.

ANGER IS FIRE
분노는 불이다

Those are inflammatory remarks.
그것은 선동적인 말이다.

He is doing a slow burn.
그는 서서히 분노했다.

I am burned up.
나는 열 받았다.

Your insincere apology just added fuel to the fire.
당신의 무성의한 사과는 화를 더 돋우었다.

After the argument, he was smoldering for days.
논쟁 후에 그는 며칠 동안 화가 부글부글 끓었다.

She is breathing fire.
그녀는 화를 냈다.

She was consumed by his anger.
그 여자는 화를 냈다.

분노는 광기에 비유된다.

ANGER IS INSANITY
분노는 광기이다

동물원의 '우리' 안에 있는 원숭이에 사육사가 바나나를 가져다주면 원숭이가 이리저리 날 뛰기 때문에 'go banana'는 '미치다'는 뜻이 된다.

When the umpire called him out on strikes, he went bananas.
심판이 그를 삼진 아웃 시켰을 때는 그는 열 받았다.

I just touched her, and she went crazy.
내가 그 여자를 만졌을 때는 그 여자는 열 받았다.

You are driving me nuts.
너는 나를 화나게 한다.

다음의 예에서 hysterical은 '자궁(womb)'이란 단어에서 파생이 되었고, 히포크라테스의 설명에 의하면 여자들의 자궁이 몸 안에서 이동을 하고, 이 결과로 신경질적인 기질이 된다는 것에서 유래되었다.

If anything else goes wrong, I will get hysterical.
어떤 것이 잘 되지 않으면 나는 열 받는다.

He went into an insane rage.
그는 아주 격분했다.

She got so angry, she went out of mind.
그 여자는 화가 나서 정신이 없다.

연습문제

A. 보기의 단어 중 밑줄에 들어 갈 옳은 단어를 고르시오.

> hot   heat   fire

1. The proposed merger is drawing _____ from all sides.

2. The _____ was really on at work.
   압력이 있다.

3. He is a one of Hollywood's _____ young directors
   그는 힐리우드의 가장 인기 있는 젊은 영화감독중의 하나였다.

B. 다음 예들을 통해 섹스를 영어 원어민들은 어떤 이미지로 보는가?

_He gave her a long ardent kiss.

_She whispered into his ear that she felt hot.

_Jim pulled off her shirt and began to arouse.

_As I approach my prospective flame carrier.

_She wait for him to excite her.

C. 분노와 관련하여 보기에서 단어를 고르시오.

> ballistic   erupted   collar   top   outburst
> explosion   blew   contain   fuse / a gasket

1. Alison was getting very hot under the _____ .

2. Losing your temper is like an _____ .

3. He _____ up at her.

4. He couldn't _____ his anger any longer.

5. I'm sorry I blew my _____ .

6. There was another angry _____ from Chris.

7. She'll blow a _____ if she finds out.

8. Bob went _____ when he saw what they had done.

9. A major row _____ at the meeting.

unit 10
War 전쟁 Image

wage [weidʒ] (전쟁 따위를) 수행하다

besiege [bisíːdʒ] 포위공격하다, (요구·질문 따위로) 공세를 퍼붓다, 괴롭히다
　　For years, the Greeks besieged the city of Troy.
　　수년간 그리스군은 Troy시를 포위하였다.

campaign [kæmpéin] (일련의) 군사 행동, 선거 운동, 운동
　　a fund-raising campaign 모금운동
　　campaign for world peace 세계 평화 운동

rout [raut] 참패, 패주, 소란

battle [bǽtl] 전투, 승리, 성공
　　a battle for existence/liberty 생존 / 자유의 투쟁

fight [fait] 싸우다, (일의 실현을 위해) 노력하다

rally [rǽli] 다시 모으다, (공통의 목적을 위해) 불러 모으다
　　The leader rallied the workers.
　　감독은 노무자들을 불러 모았다.

flee [fliː] 달아나다, 도망하다
　　He fled at the sight of his enemy.
　　그는 적의 모습을 보자 도망쳤다.

pursue [pərsúːt] 추적, 연구
　　the pursue of happiness 행복의 추구

fight [fait] 싸우다, (일의 실현을 위해) 노력하다

ally [əlái] 동맹하다
　　She was allied to Mr. Smith two years ago.
　　그녀는 2년 전에 스미스씨와 결혼했다.
　　Coal is chemically allied to diamond.
　　석탄은 화학적으로 다이아몬드와 동류이다.

conquer [káŋkər] 정복하다, (명예 따위를) 획득하다, (유혹·버릇 따위를) 극복하다

conquest [kάŋkwest] 정복, 획득, 애정에 끌린 이성

win [win] (경쟁·경기 따위에서) 이기다, 쟁취하다, (노력해서) 손에 넣다
Tom won $ 5 from his opponent at cards.
톰은 카드놀이에서 상대로부터 5달러를 땄다.

confront [kənfrʌ́nt] 마주 대하다, (적·위험 따위에) 대항하다
He was confronted by the lady at the gate.
그 사람은 문 앞에서 그 부인과 만났다.

enemy [énəmi] 적, 해를 끼치는 것

achieve [ətʃíːv] (일·목적)을 이루다, (공적)을 세우다

minefield [máinfiːld] 지뢰밭, 숨겨진 위험이 많은 곳

casualty [kǽʒuəlti] (불의의) 사고(accident), 사상자 수, (전시의) 손해
heavy casualties 많은 사상자
total casualties 사상자 총수

march [mɑːrtʃ] 행진, 길고 괴로운 노정, (사물의) 진전
a peace march 평화 행진

gun [gʌn] 총을 쏘다, 추적하다, 얻으려고 노력하다

line [lain] 선, (글자의) 행, 짧은 소식, 경향

defend [difénd] 방어하다, (사람·주장을) 변호하다, 지지하다

attack [ətǽk] (적·사람의 신체·주의·언동 따위를) 공격하다, (병이 사람을) 침범하다

shot [ʃɑt/ʃɔt] 발사, 한 잔

indefensible [indifénsəbəl] 지킬 수 없는, 옹호할 수 없는

demolish [dimáliʃ] 부수다, (계획·제도·지론 따위를) 뒤엎다

conflict [kɑ́nflikt] 전투, (의견·사상·이해(利害) 등의) 충돌
a conflict of arms 교전

wipe [waip] 닦아 없애다, (흔적 없이) 지우다, (치욕·오명 따위를) 씻다

다음의 예문들은 전쟁 이미지와 관련된 단어를 사용하고 있다.

The government is waging war on drunken driving.
그 정부는 음주 운전자와의 전쟁에 들어갔다.

Paparazzi are besieging the Princess's home.
프리랜서 사진작가들이 공주의 집을 에워쌌다.

A major ads campaign was planned to launch the new cosmetics range.
주요 광고 캠페인이 새로운 화장품을 출시하려고 한다.

The brazilian football team routed all the others in the World Cup.
브라질의 축구 팀이 월드컵에서 다른 팀을 이겼다.

The companies are battling to win market supremacy.
회사들이 시장 우위를 차지하려고 싸우고 있다.

We have a major fight on our hands if we are to save the company from bankruptcy.
우리는 만일 우리가 파산에서 회사를 구할 수 있다면 투쟁을 할 것이다.

It is time to rally the troops and get them to do some overtime.
무리를 모아 초과 근무를 하도록 시키자.

나라와 나라 사이만 전쟁을 하는 것이 아니라 사랑의 싸움도 치열하기는 마찬가지이다.

LOVE IS WAR
사랑은 전쟁이다

He fled from her advances.
그는 그 여자가 다가오자 도망갔다.

She pursued him relentless.
그 여자는 그를 쫓아 다니는 스토커이다.

She fought for him, but his mistress won out.
그 여자는 그를 차지하려고 싸웠으나, 그의 정부가 이겼다.

She made an ally of his mother.
그 여자는 남자 친구의 어머니를 자기편으로 만들었다.

She conquered him.
그녀를 압도했다.

She is known for her many rapid conquest.
그 여자는 남자들로부터 많은 관심을 받고 있다.

She is slowly gaining ground with him.
그 여자는 그와의 관계에서 서서히 유리한 고지를 차지해가고 있다.

He is besieged by suitors.
그는 구혼자들에 의해 둘러싸여 있다.

He won her hand in marriage.
그는 쉽게 결혼 승낙을 얻어냈다.

분노도 전쟁으로 이미지화 된다. 그 이유는 전쟁에서 한 고지를 차지하기 위해 서로 공방이 있듯이 사업에서도 '이윤'이란 목표를 위해 경쟁사끼리 서로 싸우기 때문이다.

ANGER IS WAR
분노는 전쟁이다

He had confronted Beth regarding an affair.
그는 부정 때문에 Beth와 싸웠다.

The man and woman has a fight.
두 남녀가 싸웠다.

사업도 전쟁이다.

BUSINESS IS WAR
사업은 전쟁이다

Promotions and Marketing are having their usual **battle** with the Finance Director over next year's advertising budget.
내년 광고 예산에 대해 광고부서는 재정 담당 책임자와 싸우고 있다.

If you park in the Manager's space, you will soon get your **marching orders**.
만일 당신이 관리자의 주차 공간에 차를 정차시키면 당신은 곧 어려움을 겪을 것이다.

Tom is his worst **enemy**.
Tom은 그의 최대 적이다.

If you don't set targets, you never know if you haven't **achieved** them.
만일 당신이 목표를 정하지 않으면 당신은 그것을 달성 할 수 있을지 없을지 모른다.

Exporting to some countries can be a **minefield**-corrupt customs, officials, endless paperwork and rep tape, and slow communications.
몇 몇 나라의 수출은 부패한 세관, 많은 서류, 의사소통의 부족 등의 위험부담이 많다.

Small business are always the first **casualties** in a recession.
중소기업이 항상 불경기를 가장 먼저 탄다.

We have **set our** sights on a 30% increase in turnover this year.
우리는 올해 30% 관광 수입이 많아 질것으로 생각하고 있다.

사무실도 전쟁터로 이미지화 된다. 그 이유는 진급을 위해 서로 사무실 직원끼리 경쟁하기 때문이다.

THE OFFICE IS A BATTLEFIELD
사무실은 전쟁터이다

He got his **march** orders when he turned up late four days running.
그는 4일 연속 늦게 나타나서 앞으로 길이 험난하다.

I think he is **gunning** for me for some reason. I don't think he likes the fact that our department is so successful.
나는 그가 몇 가지 이유 때문에 나를 겨냥 하고 있다고 생각한다. 나는 우리 부서가 아주 성공적이었다는 사실을 그가 좋아한다고 생각하지는 않는다.

If I step out of line he is tougher on me than on anyone else in the company.
만일 내가 궤도를 벗어나면 그 사람이 회사에 있는 사람 중 가장 먼저 나를 공격할 것이다.

우리는 일상생활에서 상대방과 편안한 대화를 하기도 하지만 때로는 상대방을 적수로 간주하여 그의 입장을 공격하기도 하고, 자신의 입장을 방어하기도 한다. 곧, 논쟁에서 이길 수도 혹은 질 수도 있는 것이기 때문에 자신이 입장을 방어할 수 없으면, 그 입장을 포기하고 새로운 공격을 할 수도 있다.

She tried to defend herself against his attacks on her ideas.
그 여자는 자신의 생각에 대해 그 남자의 공격에 준비를 하려고 노력 했다.

논쟁은 실제로 싸움이 있는 것은 아니지만 전쟁의 구조인 공격, 방어, 반격 등이 언어적 말싸움에 비유되어 영어는 논쟁을 전쟁으로 이미지화되어 다음과 같은 표현이 일상생활에서 많이 쓰인다.

ARGUMENT IS WAR
논쟁은 전쟁이다

She shot down his argument.
그 여자는 그의 논증을 격파했다.

That is an indefensible point of view.
그것은 취약점 있는 관점이다.

I decided to pursue another line of attack.
나는 다른 공격 방법을 하려고 마음먹었다.

He demolished her argument.
그는 그 여자의 주장을 부수었다.

We had a big fight last night, and I went home early.
우리는 지난밤에 대판 싸웠고 나는 집에 일찍 갔다.

I have never been won an argument with him.
나는 그와의 논쟁에서 한번도 이긴 적이 없다.

There was a lot of conflict over what to do next.
다음에 무엇을 해야 할지에 대한 많은 갈등이 있다.

He attacked every weak point in my argument.
그는 내 논증의 취약점만 공격했다.

If you use that strategy, he will wipe you out.
만일 당신이 그 전략을 사용한다면, 그가 너를 쓸어버릴 것이다.

사람들 간의 관계도 전쟁이다. 그 이유는 자신의 이익을 위해 상대방을 이용하거나 공격하기 때문이다.

RELATION IS WAR
관계는 전쟁이다

She claimed she did not cheat on him.
그 여자는 그를 속이지 않았다고 주장했다.

He confronted her with this.
이것 때문에 그는 그 여자와 싸웠다.

연습문제

A. 아래의 보기에 있는 단어를 이용하여 밑줄을 완성하시오.

ambush   truce   bomb   explode   siege

1. I heard Tom _____ wish laughter when he saw Nick trying to dance.

2. Linda decided to _____ Sam on his way out of the office and invite him to have a drink with her on his way home.

3. They wining football team have been under _____ from photographers.

4. Surely we have arguing for long enough. Let's call a _____ .

5. If we _____ along the motorway we will be there in under an hour.

B. 다음 예문을 해석하시오.

1. They clashed over who to appoint.

2. It was a real battle of wits.

3. We did battle with the council about the plans.

4. I've crossed swords with them before.

143

unit 11
Hospital 병원 Image

words bank

healthy [hélθi] 건강한, (정신·태도 따위가) 건전한, (수량이) 상당한
    a healthy climate 건강에 좋은 기후
    a healthy appetite 왕성한 식욕

ills [il] 병든, 부실한, 사악한

ailing [éiliŋ] 병약한, 건전하지 못한

disease [dizíːz] 병, (정신·도덕 따위의) 불건전, 퇴폐
    a family/hereditary disease 유전병

symptom [símptəm] 징후, 조짐, 증후

syndrome [síndroum, -drəm] 증후군, (어떤 감정·행동이 일어나는) 일련의 징후

infectious [infékʃəs] 전염하는, (영향이) 옮기 쉬운
    an infectious disease 감염증

contagious [kəntéidʒəs] (접촉) 전염성의, 만연한

fatal [féitl] 치명적인, 파멸적인, 피할 수 없는

deadly [dédli] 죽음의, 격렬한
    a deadly silence 죽음과 같은 고요

pain [pein] (몸의 일부의) 아픔, 고통, 노력
    No pains, no gains.
    (속담) 수고가 없으면 이득도 없다

fever [fíːvər] (병으로 인한) 열, 열중

cancer [kǽnsər] 암, (사회의) 병폐

headache [hédèik] 두통, 걱정거리

rash [ræʃ] 분별없는, 경솔한

cripple [krípəl] 불구자

lame [leim] 절름발이의, 무능력한, 서투른
        a lame excuse 서투른 변명
        a lame meter 서투른 시

limp [limp] 절뚝거리다, (작업·경기 등이) 지지부진하다

wound [wuːnd] 부상, (정신적) 고통

bruise [bruːz] 타박상을 입히다, (감정을) 상하게 하다

scar [skɑːr] (화상·부스럼 따위의) 상처 자국, (마음·명성 등의) 상처

paralyze [pǽrəlàiz] 마비시키다, 무력케 하다

recover [rikʌ́vər] 찾아내다, (기능·의식 등을) 회복하다

remedy [rémədi] 치료, 구제책

dead [ded] 죽은, 활기 없는

listless [lístlis] 마음이 없는, 냉담한

tired [taiərd] 피로한, 싫증난, 참을 수 없는

mend up [mend] 수선하다, 개선하다(improve)

birth [bərθ] 탄생, (사물의) 기원

die [dai] 죽다, (소리·빛 따위가) 희미해지다, 무감각해지다

'병원'과 관련된 단어들의 의미를 먼저 알아보자.

healthy

상황이나 조직 그리고 관계가 좋거나 긍정적이라는 것을 나타낸다.

The country still has a healthy industrial economy.
그 나라는 여전히 산업 경제가 건전하다.

때로는 많은 액수의 돈을 의미한다.

Our bank balance is looking pretty healthy this month.
우리 은행의 잔고가 이번 달 많이 있는 것 같다.

ills

문제나 어려움을 나타낸다. 반드시 복수 명사만이 이 의미로 쓰인다. 곧, ill은 어려움이 아니라 단지 '아프다'는 뜻밖에 없다.

Electing a president of a different party is regarded as the cure for all the nation's ills.
다른 정당에서 대통령을 선출하는 일은 그 나라의 모든 병폐를 치료하는 것으로 여겨졌다.

ailing

조직이나 사회가 많은 문제, 특히 재정적인 문제에 봉착이 되었고, 더 이상 향상될 조짐이 보이지 않을 때 사용된다.

The company is about to sell its ailing publishing division.
그 회사는 문제가 많은 출판부를 매각 하려고 한다.

sick

상황이나 행동이 나쁘거나 바람직하지 않을 때 사용된다.

The way he treats his wife makes me sick.
그가 자신의 부인을 다루는 방식이 나를 역겹게 했다.

disease
나쁜 영향을 주거나 고통을 야기하는 경우이다.

> The disease seems to be uniquely British.
> 그 질병은 영국의 풍토병이다.

symptom
아주 큰 문제의 징후를 암시한다.

> The fighting is a symptom of growing insecurity in the region.
> 그 싸움은 그 지역의 지속되는 불안정의 징후이다.

syndrome
특정한 상황의 전형적인 감정이나 행동을 말한다.

> Many parents face "empty nest syndrome" when their children leave home.
> 많은 부모들은 어린아이가 집을 떠날 때 "빈집 증후군"을 겪는다.

infectious
다른 많은 사람들이 같이 행동하도록 하는 경우이다.

> His enthusiasm was infectious.
> 그의 열정은 다른 사람에게 전염되기 쉽다.

contagious
감정이나 생각이 여러 사람들 사이를 빠르게 퍼질 때 쓰인다.

His laughter was contagious.
그의 웃음은 다른 사람에게 전염이 되기 쉽다.

fatal
아주 부정적인 영향이다.

The recession has proved fatal to many businesses.
불경기는 많은 사업에 치명적이었다.

The sudden resignations dealt a fatal blow to the society.
갑작스런 사임은 그 사회에 치명타였다.

deadly
아주 진지하고 심각한 피해를 야기하는 경우를 의미한다.

Too many water changes can prove deadly to these delicate fish.
물을 너무 많이 바꾸면 이 생선에 좋지 않다.

pain
아주 화가 나거나 불행한 감정을 나타낸다.

Dealing with the subject sensitively can help prevent a lot of pain.
그 주제를 다루는 것이 많은 고통을 차단하는 효과가 있다.

He found it hard to cope with the pain of being separated from his children.
그는 아이와 헤어지는 고통에 대처하는 것이 어려웠다.

You're being a real pain!
당신은 정말 문제 거리이다.

The attorney was at pains to explain the effects of his client's plea.
그 변호사는 그 환자의 고통에 대한 영향을 설명하는데 어려움을 겪었다.

hurt

어떤 사람에게 정신적인 고통을 주는 경우에 사용된다.

> I never meant to hurt your feelings.
> 나는 결코 당신의 감정을 해칠 의도는 없었다.

또한 다른 사람이 성공할 기회를 저해하는 경우이다.

> Oil spills hurt everyone.
> 기름 유출은 모든 사람에게 고통을 주었다.
>
> The weakness of the dollar has hurt auto sales.
> 달러화의 약세는 자동차 판매의 하락을 가져왔다.

fever

사람들을 흥분시키거나 초조하게 하는 상황을 나타낸다.

> The whole country was in the grip of election fever.
> 나라 전체가 선거 열풍에 휩싸였다.
>
> I was in a fever of excitement.
> 나는 흥분했다.

아주 흥분한 상황은 fever보다 feverish를 사용한다.

feverish

> There was a lot of feverish activity backstage.
> 몰래 많은 열정적인 행동을 했다.

cancer

아주 사악하거나 불쾌한 경우에 쓰인다.

We can't surrender the street of our cities to the cancer of racism.
우리는 도시의 도로에서 인종 차별에 대한 암적인 존재에 굴복하지 않았다.

headache

아주 심각하지는 않지만 없어질 때까지 고통을 겪는 상황을 나타낸다.

Parking is a major headache in this part of town.
주차 문제가 이 도시의 주요 골칫거리이다.

rash

불쾌한 것이 아주 짧은 시간에 일어날 때 쓰인다.

Local police are investigating a rash of burglaries in the area.
그 지방 경찰이 그 지역에서 자주 발생하는 강도에 대해 조사하고 있다.

I know you're angry, but please don't do anything rash.
나는 당신이 배가 고픈 것은 알지만 제발 속 썩이는 일을 하지마라.

cripple

심각하게 어떤 것을 파괴하는 경우에 사용된다.

The war had crippled the country's economy.
전쟁이 그 나라의 경제를 파괴했다.
paralyse는 효과적이고 정상적으로 작동할 수 없게 된 상태를 나타낸다.

lame

논쟁, 설명, 그리고 변명이 설득력이 없거나 확신이 없는 경우이다.

It sounds like a lame excuse, but I never seem to have time to visit.
그것은 별 볼일 없는 변명이지만 나는 결코 방문할 시간이 없다.

limp
이상하기는 하지만 천천히 걷기 때문에 어려움이 있는 것을 나타내어 기능은 하지만 어려움이 있을 때 쓰인다.

The yacht is limping toward the island.
요트가 서서히 그 섬을 향해 나아가고 있었다.

The company will have to limp along until new capital can be raised.
그 회사는 돈이 모금될 때까지 그럭저럭 경영될 것이다.

wound
안 좋은 일 때문에 입은 정신적인 피해를 가리킨다.

The party had never healed the wounds left by the crisis.
그 정당은 결코 그 위기에 의해 야기된 상처를 치료 할 수 없다.

어떤 좋지 않은 일을 말하거나 행동하여 다른 사람의 감정을 상하게 한 경우이다.

It was a remark that had deeply wounded him.
그것은 아주 그 사람에게 상처를 줄 말이다.

A string of rejections had really wounded his pride.
그의 자존심은 계속된 거절에 상처받았다.

bruise
어떤 사람의 명성에 먹칠을 한 경우에 쓰인다.

A spokesperson said the star had been bruised by the unfair reports in the press last week.
대변인은 그 스타가 지난 주 언론에 난 사실이 아닌 보도에 상처를 입었다고 말했다.

scar

다른 사람의 마음에 영원한 좋지 않은 상처를 남긴 경우이다.

She bore the scars of an unhappy childhood.
그 여자는 불행한 어린 시절에 대한 상처가 있다.

Their lives were scarred by poverty and illness.
그들의 삶은 가난과 지병에 의해 상처 받았다.

문제가 있는 것은 질병으로 본다.

PROBLEMS / TROUBLES ARE ILLNESS
문제는 질병이다

상황이 좋지 않으면 병에 걸려 있는 것으로, 상황이 호전되면 영어 원어민들은 그 문제들이 치료되었다고 생각한다.

She thinks we live in a sick society.
그 여자는 우리가 병이 든 사회에 살아가고 있다고 생각한다.

We must address the social ills that are at the root of crime.
우리는 범죄의 근원인 사회적인 질병을 말해야만 한다.

She said that there was a cancer at the very heart of society.
그 여자는 사회의 중심부에 해악이 있다고 말했다.

Transportation was another headache for the government.
교통 문제가 그 정부의 또 다른 골칫거리이다.

Paris was paralyzed by a series of strikes.
파리는 연속된 파업에 마비되었다.

We discussed the company and its ailing finances.
우리는 그 회사와 재정 악화를 논의했다.

The economy is very healthy / unhealthy.
그 경제는 건전하다/건전하지 못하다.

The economy began to recover.
경제가 회복되기 시작했다.

There is no simple remedy for the problem.
그 문제에 대한 단순한 치료책은 없다.

This latest development has reopened old wounds.
최근의 개발은 오랜 된 상처를 다시 끄집어내었다.

사랑에 빠지면 우리말에도 '상사병'에 걸렸다는 표현이 있듯이 영어도 사랑은 환자에 비유된다.

LOVE IS A PATIENT
사랑은 환자이다

The marriage is dead - it can't revived.
그 결혼은 죽은 상태이다 - 다시 소생 할 수 없다.

They have get a listless marriage.
그들의 결혼 생활은 맥이 풀렸다.
It is a tired affair.
피곤한 정사이다.

Their marriage is on its last legs.
그들의 결혼 생활은 기진맥진한 상태이다.

There is a sick relationship.
건전(건강)하지 못한 관계가 있다.

위에서 사랑을 환자에 비유하고 있어 부정적인 상황을 표현하지만 항상 사랑이 환자 비유만 있는 것은 아니다. 다음은 긍정적인 상황을 나타내고 있다.

They have a strong, healthy marriage.
그들은 힘차고 건강한 결혼 생활을 하고 있다.

Our marriage is on the mend.
우리의 결혼 생활이 호전되고 있는 중이다.

We are getting back on our feet.
우리는 다시 일어서고 있다.

Our relationship is in really good shape.
우리의 관계는 아주 좋다.

위와 아래의 이동 방향 혹은 이동은 다음처럼 위는 긍정으로 아래는 부정의 이미지를 갖게 한다. 그래서 의식은 위이고 무의식은 아래로 영상화 된다.

CONSCIOUSNESS IS UP : UNCONSCIOUSNESS IS DOWN
의식은 위 : 무의식은 아래

일반적으로 우리 사람은 서 있는 시간이 앉아 있는 시간보다 많기 때문에 서 있다는 것은 일어나거나 건강하지만 아래에 있는 것은 몸이 좋지 않아 누워 있는 이미지이다.

Get / wake up.
일어나라 / 깨어나라.

She rose from the dead.
죽음에서 깨어났다.

She fell asleep.
그 여자는 잠이 들었다.

She is under hypnosis.
그 여자는 최면 상태에 있다.

She sank into a coma.
그 여자는 혼수상태에 있다.

She fell ill.
그 여자는 아프다.

She came down with the flu.
그 여자는 감기로 고생하고 있다.

아이디어가 제안되고 사라져 가는 것을 인간의 생로병사와 관련지어 영어 원어민들은 생각한다.

IDEAS ARE PEOPLE
생각은 사람이다

The theory of relativity gave birth to an enormous of ideas in physics.
상대성 이론은 물리학에 많은 아이디어를 탄생시켰다.

He is the father of modern physics.
그는 현대 물리학의 아버지이다.

Those ideas died off in the Middle Ages.
그 아이디어들은 중세에 없어졌다.

위의 예에서 이론이나 생각을 인간의 탄생 혹은 죽음에 비유하고 있다.

연습문제

A. 다음의 보기의 단어를 이용하여 밑줄을 채워보시오.

> paralysed ailing fatal rash disease prognosis fever contagious

The country has been _____ by the latest subway strike, with no subway services at all running today. The subway service has been _____ for some time, but if today's action is prolonged it may prove _____ to the industry. The minister for Transport commented, 'The country has been suffering from a _____ local strikes since the first one in Seoul last month. It was a _____ and one strike led to another. Things reached _____ pitch last week and we can only hope that this _____ will come to an end soon.' The minister's _____ is that things will only start to improve once people appreciate the seriousness of the situation.

B. 밑줄에 들어 갈 단어를 보기에서 골라 답하시오.

> hurt pain hurts deadly fatal healthy rashly

1. A _____ silence followed her announcement.

2. I made the _____ mistake of falling in love with him.

3. Yesterday's report highlighted _____ flaws in the system.

4. Last year the company made a _____ profit of over five million dollars.

5. My investments aren't looking very .... at the moment.

6. I .... agreed to help them with the building work.

7. His cold behavior .... her deeply.

8. The incident must have caused my parents great ....

9. He had no idea of the .... he had inflicted on her.

10. It really .... that you'd believe her instead of me.

Computer 컴퓨터 Image

words bank

ride [raid] (말·탈것 따위에) 타다, 타고 가다, (일이) 결정되다

hunt [hʌnt] 사냥하다, 찾아내다

trail [treil] (질질) 끌다, 추적하다

track [træk] 지나간 자국, (인생의) 행로, 진로

hound [haund] 사냥개로 사냥하다, 추적하다

swoop [swuːp] (매 따위가) 위로부터 와락 덤벼들다, 급습하다

fish [fiʃ] 고기잡이하다, 찾다, (사실·견해 따위를) 알아보다, (사람의 생각 따위를) 알아보다, 탐색하다.

troll [troul] 노래하다, 이야기하다

unearth [ʌnə́ːrθ] (땅 속에서) 발굴하다, 발견하다(discover)

dig [dig] (땅 따위를) 파다, 찾아내다, 이해하다

컴퓨터가 일상생활의 아주 중요한 부분이 되면서 인간의 마음을 컴퓨터와 관련하여 영어 원어민들은 이야기를 하고 있다.

MIND IS COMPUTER
마음은 컴퓨터이다

① He has too many **files** open in his mind.
그의 마음속에 파일이 너무 많이 열려있다.

❷ She just has a read-only memory.
그 여자는 읽을 수 있는 기억력만 있다.

❶에서 컴퓨터 모니터에 많은 파일을 실행시켜놓으면 컴퓨터의 처리 속도가 떨어지거나 때로는 다운이 되는 것처럼 마음속에 많은 생각을 하다보면 이런 저런 생각 때문에 헛갈림이 올수도 있다는 것을 암시한다. ❷는 어떤 사람이 컴퓨터처럼 읽기만을 할 수 있기 때문에 배우는데 한계가 있음을 나타낸다.

한국에서 '인터넷을 고속도로'라고 하지 않고 '인터넷은 사이버스페이스이다'라고 하는데 영어 원어민들이 많이 사용하는 다음 표현을 보자.

INTERNET IS A HIGHWAY
인터넷은 고속도로이다

Prime minister rides the info-highway.
수상은 컴퓨터를 한다.

White House counts three million cybertourists.
백악관의 홈페이지에 삼백만 명이 들어온다.

AT&T stalled on the info-highway.
전화회사는 초고속 통신망을 설치했다.

It is still a bumpy highway for data.
데이터 처리가 느리다.

위 예들을 통해 고속도로는 정보가 다니는 길, 자동차는 컴퓨터, 물건 수송은 정보 전달, 연료는 전기, 운전수는 컴퓨터를 하는 사람, 여행은 다운로드등과 각각 대응이 되고 있다. 영어에서 인터넷을 고속도로에 비유하는 이유는 미국의 이전 행정 부인 Clinton과 Gore때 1950년대와 1960년대 미국의 번성의 이유는 주를 연결하는 고속도로의 확장으로 보고 미국의 경제적 재 부흥을 컴퓨터의 발전에 의해 다시 이룰 수 있다고 주장했기 때문이다.

어떤 것을 탐색하는 것은 동물을 사냥하거나 어떤 동물이 다른 동물을 사냥하는 것이 비교된다.

SEARCHING IS A HUNTING
탐색은 사냥이다

I've been hunting for that book all day.
나는 하루 종일 그 책을 찾았다.

The detectives were on their trail at once.
그 형사는 그들을 바로 추적했다.

They managed to track down his childhood friends.
그들은 그럭저럭 어린시절의 친구를 찾고 있다.

She was being hounded by photographers.
사진기자들이 그 여자에게 달라붙고 있다.

The police swooped as soon as the gang appeared.
갱이 나타나자마자 경찰이 달려들었다.

She fished inside her bag for her wallet.
그 여자는 지갑을 찾기 위해 몸을 뒤졌다.

I trolled through the documents at the library.
나는 도서관에서 서류를 찾았다.

native speaker들은 정보를 찾거나 발견하는 것은 땅을 파거나 찾는 이미지를 가지고 있다. 곧, 사냥 이미지이외에 땅을 파서 그것을 발견하는 것으로 이미지화 한다.

I unearthed some useful facts and figures.
나는 어떤 유용한 사실과 수치를 찾았다.

The facts only came to light after a long investigation.
오랜 조사 끝에 사실이 밝혀졌다.

Let me know if you dig up anything about him.
만일 당신이 그 사람에 대해 어떤 것을 알아내면 나에게 연락해라.

연습문제

○ 밑줄에 들어 갈 단어를 보기에서 고르시오.

| goldmine | dig up / turn up | scratch | scent | sniffing |
| unturned | mine | gold | dirt |

1. It took me a long time to find it, but I finally struck _____ .

2. You need to read a lot more: you've just begun to _____ the surface.

3. The book is a _____ of information.

4. Let me know if you _____ anything about him.

5. We had been completely thrown off the _____ .

6. There's no point in _____ around here: you won't find anything.

7. We left no stone _____ in our search for the truth.

8. I think that this will prove a rich seam to _____ for your research.

161

Animal 동물 Image

words bank

jungle [dʒʌŋgl] (인도 등지의) 정글, 혼란, 비정한 생존경쟁

animal [ǽnəməl] 동물, 짐승 같은 사람

beast [biːst] 짐승, 짐승 같은 놈

brute [bruːt] 짐승, 싫은 놈, (인간 속의) 야수성

pet [pet] 애완동물, 마음에 드는 사람

dog [dɑg] 수캐, 비겁한 사내, 개새끼(욕)
   hound는 사냥개, cur는 들개, bitch는 암캐, puppy 또는 whelp는 강아지
   Every dog has his day.
   (속담) 쥐구멍에도 볕들 날이 있다.

cat [kæt] 고양이, 심술궂은 여자

kitten [kítn] 새끼고양이, 말괄량이

cow [kau] 암소, 보기 싫은 여자

pull [pul] 당기다, (주문·손님을) 끌어 들이다

pig [pig] 돼지, 돼지 같은 사람, 행실이 나쁜 여자

sheep [ʃiːp] 양, 양같이 온순한 사람, 신자
   a flock of sheep 한 떼의 양
   a lost/stray sheep 길잃은 사람

horse [hɔːrs] 말, (경멸적·우스개)놈(fellow)

vermin [vɚ́ːmin] 해로운 작은 동물(쥐·족제비 등), 사회의 해충, 악당

ferret [férit] 흰 족제비, 수색자, (비밀·범인 등을) 찾아내다

shrew [ʃruː] 잔소리가 심한 여자, 으르렁대는 여자

hare [hɛər] 산토끼, 겁쟁이

squirrel [skwɚ́ːrəl] 다람쥐, 잡동사니를 소중히 간직하고 있는 사람

fox [fɑks] 여우, 교활한 사람

wolf [wulf] 이리, 탐욕스런 사람, 색마
To mention the wolf's name is to see the same.
(속담) 호랑이도 제 말하면 온다.

bear [bɛər] 곰, 난폭한 사람

dinosaur [dáinəsɔ̀ːr] 공룡, 낙오자

rat [ræt] 쥐, 배반자, 탈당자

weasel [wíːz-əl] 족제비, 교활한 사람

bill [bil] 부리, (비둘기 한쌍이) 부리를 서로 비벼대다, 서로 애무하다

coo [kuː] (비둘기 따위가) 꾸꾸꾸 울다 (아기가) 목을 울리며 좋아하다; 정답게 말을 주고 받다

lovebird [lʌ́vbə̀ːrd] 잉꼬, 정다운 부부(연인들)

nest [nest] 보금자리, 안식처

dove [dʌv] 비둘기, 유순한 사람, 비둘기파

cricket [kríkit] 귀뚜라미

clam [klæm] 대합조개, 멍청한 사람

crow [krou] 까마귀, (경멸적) 흑인, 자랑하다

carry [kǽri] 운반하다, (소리·소문 따위를) 전하다

transport [trænspɔ́ːrt] 수송하다, 황홀하게 만들다

ferocious [fəróuʃəs] 잔인한, 지독한

fierce [fiərs] 몹시 사나운, 맹렬한

arise [əráiz] 일어나다, 결의하고 행동을 개시하다

monstrous [mʌ́nstrəs] 거대한, 어처구니없는

hit [hit] 때리다, (우연히·용케) 찾아내다

rash [ræʃ] 분별없는, 경솔한

tear [tiər] 눈물, 비애

동물과 관련된 단어의 의미를 알아보자.

He called New York a jungle.
그는 뉴욕을 정글이라 불렀다.

정글에는 야생동물이 많이 살아가기 때문에 위험이 도사리고 있다. 뉴욕처럼 대도시에서 살아가려면 많은 위험이 있기 때문에 도시를 동물이 살아가는 곳에 비유하고 있다.

animal
잔인하게 행동하는 사람을 암시한다.

That man is an animal!
그놈은 짐승 같은 사람이다.

beast
animal보다는 더 크고 더 잔인하면서 위험한 사람이라는 것을 암시한다.

The music business is an unpredictable beast.
음악 사업은 예측 할 수 없는 것이다.

After his marriage he became a drunk a madman a beast.
결혼 후 그 남자는 술고래인 미친 사람이 되었다.

brute
다른 사람은 배려를 하지 않으면서 난폭하게 행동하는 경우에는 brute를 사용한다.

The man was a brute.
그 사람은 짐승이다.

prey

다른 사람에 의해 쉽게 이용당하거나 속임수를 당하는 사람들을 가리킨다.

Homeless children were easy prey for drug dealers in the capital.
그 수도에서 부랑 아이들은 마약 거래자의 손쉬운 이용 대상이었다.

pet

사람들이 애완동물에 아주 많은 관심을 보이기 때문에 pet은 '좋아하는'이란 뜻으로 의미가 확대된다.

Getting kids to do more sport is one of his pet projects.
어린아이들에게 더욱더 운동을 하도록 하는 것은 그의 주된 계획 중의 하나였다.

dog

형편없는 사람 또는 물건을 나타낸다.

The film must be a real dog.
그 영화 정말 재미없다.

bitch

bitch는 암캐이고 좋지 않은 상황을 나타내기도 한다.

If you keep bitching at me I'm going home.
만일 당신이 나에게 욕을 한다면 나는 집에 갈 것이다.

hound

사냥개가 사냥감을 쫓듯이 어떤 사람을 끈덕지게 쫓아 다닐 때 쓰인다.

She was sick of being hounded by the press.
그 여자는 언론이 달라붙는 것에 염증이 났다.

cat

서양인들은 고양이가 게으르고 욕심이 많다고 여기기 때문에 의미가 확대되어 사람에게 적용이 될 때도 같은 뜻을 가진다. 일상생활에서 많이 사용되는 표현으로 '비밀을 누설하다'는 let the cat out bag이라고 한다.

> He has let the cat out of the bag about the government's true intentions.
> 그는 그 정부의 진짜 의도에 대해 폭로했다.

kitten

고양이 새끼인 kitten은 성적으로 섹시한 여자 혹은 바람둥이 여자를 가리킨다.

> I saw French sex kitten Brigitte Bardot.
> 나는 섹스 심벌인 프랑스 영화배우를 보았다.

cow

암소는 단지 젖만을 만들기 때문에 서구인들은 암소를 멍청하고 추하다고 생각한다. 그래서 사람에게 cow를 사용하는 경우도 같은 뜻을 지닌다.

> I longed to say to her "Why don't you do it yourself, you old cow"?
> 나는 그 여자에게 "그것을 당신이 하는 것이 어떻냐"고 말하고 싶었다.

bull

황소는 수소이기 때문에 공격성과 힘을 상징하지만 때로는 사실이 아니고 어리석음을 나타낸다.

> You think you can win? That's bull.
> 당신이 이길 것으로 생각하느냐? 어리석구나.

증권이 오르는 경우도 쓰인다.

Such bid mostly happen in a bull market.
그런 입찰은 주로 증권이 오르는 경우에 생긴다.

pig

어떤 사람이 욕심이 많고 친절하지 않아서 우리는 그런 사람을 pig라고 한다.

You greedy pig! You've eaten up all the ice cream.
욕심꾸러기 돼지! 나는 모든 아이스크림을 먹어치웠다.

swine은 pig와 같은 의미를 갖지만 pig보다 더 부정적인 것을 암시하는 낱말로 일반적으로 여자보다는 남자에게 적용한다. 또한 폭력성을 언급하는 경우에도 쓰인다.

I won't feel safe until swine is behind bars.
나는 그 돼지가 '바' 뒤에 있어 마음이 편하지 않았다.

hog는 철저하고 열정적으로 어떤 일을 하는 경우에 이용된다.

sheep

양은 한 마리를 따라 비록 위험하더라도 모두 따라 가는 속성 때문에 서구권에서는 멍청한(stupid)동물로 알려져 있다. 그래서 다른 사람들을 모방만 한다.

We are not political sheep.
우리는 정치적으로 어리석은 사람이 아니다.

어떤 사람이 부정한 일을 하거나 어리석은 행동을 한 경우에는 sheepish란 표현을 쓴다.

Alison returned, looking sheepish.
Alison은 어리석은 표정을 하면서 되돌아 왔다.

어린 양인 lamb은 특히 어린 아이를 의미한다.

Poor little lamb!
불쌍한 어린 양이여!

horse

말은 에너지가 많아 훈련을 제대로 시키지 않으면 통제 할 수가 없다. 사람, 특히 어린이와 청소년들의 어리석게 노는 행동을 말할 때 쓰인다.

> I was horsing around with Katie.
> 나는 Katie와 놀았다.

vermin

이 단어는 인간에게 질병을 옮기고 농작물이나 음식을 파괴하는 쥐 종류이며, 만일 이 낱말을 사람에게 사용하는 경우 사회에 아무런 도움이 되지 않고 병적인 존재들을 말한다.

> The vermin are the people who rob old women in the street and break into houses.
> 그 사람들은 거리에서 노인 분들을 강탈하고 가택 침입을 하는 사람들이다.

mouse는 겁이 많고 아주 빠르게 움직이기 때문에 조용하거나 다른 사람들의 생각을 항상 따르는 사람들을 가리킨다.

> After that row she got up and went, most surprisingly. I always thought her a mouse.
> 그 소동 이후 그 여자는 일어나 갔다. 나는 그 여자를 항상 겁쟁이라고 생각한다.

rat은 덩치가 큰 쥐이며 사람에게 비유적으로 사용되는 경우 상대방이 받아들일 수 없는 행동을 하는 경우이다.

> He did a terrible thing. He is a rat.
> 그는 끔찍한 일을 해서 그는 파렴치한이다.

ferret

이 동물은 몸집이 작아 사냥 시 사냥감을 쫓아 조그만 굴과 터널을 들어 갈 수 있다. 그래서 급하게 어떤 것을 찾거나 수색을 하는 경우에 사용된다.

The Director General ferreted in his breast pocket for his reading glasses.
그 사람은 안경을 찾기 위해 호주머니를 뒤졌다.

shrew

'쥐'과에 속하는 동물로 공격적인 성향 때문에 여성에 쓰이면 성질이 좋지 않은 사람이라는 것을 암시하게 된다.

The woman sounds like a tyrant and a shrew.
그 여자는 잔소리가 심한 여자이다.

hare

큰 토끼로 놀라서 아주 빠르게 움직이는 속성 때문에 비유적인 의미에서도 불필요하게 그리고 어리석게 움직이는 경우에 사용된다.

He went haring round to her flat.
그는 그 여자의 아파트를 돌아다녔다.

squirrel

다람쥐는 여름과 가을철에 겨울에 먹을 음식을 땅속에 저장하기 때문에 의미가 확대되는 경우 몰래 물건을 저장하거나 감추는 경우에 사용된다.

She must have had a second bottle squirreled away.
그 여자는 두 번째 병을 저장해야만 한다.

fox

교활한 사람들을 말한다.

Mr. Ellis, sly old fox, tricked us into finishing our homework early.
교활한 Ellis가 숙제를 일찍 마치도록 유인했다.

wolf

욕심이 많고 위협적인 행동을 다른 사람에게 하는 사람을 가리킨다.

> He is a wolf.
> 그는 늑대이다.

동사로 이 단어가 사용되는 경우 음식을 빠르게 먹는 상황을 나타낸다.

> The girls wolfed down the pizza in minutes.
> 그 소녀들은 바로 피자를 먹어치웠다.

bear

bear는 몸집이 크고 힘이 센 동물이지만 사람이 먼저 공격을 하기 전까지는 공격을 하지 않는 방어적인 성향이 있다.

> She bore all her suffering with incredible patience.
> 그 여자는 인내심을 가지고 모든 어려움을 이겨냈다.

또한 증권 시장에서 bear는 가격이 폭락하는 경우를 나타낸다.

> The Dow had dropped sixty-five points the previous Monday and the bears would expect another drop.
> 다우존스가 지난 월요일에 65 포인트 떨어졌다. 그리고 또 다시 가격이 떨어 질 것 같다.

monkey

약간 장난 끼 있게 행동하는 어린아이를 말한다.

> Ooh, you little monkey! What have you done now?
> 지금 너희들 무엇 하고 있느냐?

ape

다른 사람을 모방하는 경향을 의미한다.

She aped her walk and mannerisms.
그 여자는 그녀의 발걸음과 매너를 모방했다.

또한 사람들이 너무 흥분해서 통제 할 수 없는 경향을 보일 때도 사용된다.

The crowd went ape.
군중이 흥분했다.

dinosaur

공룡은 빙하기 때 멸종이 된 동물이어서, 만일 사람들이 다른 사람 혹은 체계와 기계를 '공룡'이라고 부르는 경우는 다른 신제품으로 교체 해야 하는 경우를 가리킨다.

"You are a dinosaur", Tim said. "The world has moved on and you don't even know it."
"너는 실패자이다" 라고 Tim이 말했다. "세상이 변하고 있는데 너는 그것조차 모르고 있다."

다음에서 사람은 동물이다(man is animals)라는 이미지가 사용되고 있다.

He retreat into his room. Again, he crawls into her bed and aggressively makes to her.
그는 자기 방으로 갔다가 다시 그 여자 침대로 가서는 공격적으로 그 여자에게 다가갔다.

남자만 동물로 이미지화 되는 것은 아니다. 여자도 다음에서 보듯이 동물로 개념화된다.

Like a cat, excited by retreating prey, Daphane leapt again.
뒤로 물러서는 먹이에 흥분한 고양이처럼 그 여자는 다시 덤벼들었다.

PEOPLE ARE ANIMAL
인간은 동물이다

That man was a brute, he spent the little he earned on drink.
그 남자는 동물과 같은 놈이어서 그가 번 약간의 돈을 술 마시는데 쓴다.

They think you are being a bitch.
그들은 당신이 좋지 않은 사람이라고 생각한다.

He is a complete pig to the woman in his life.
그는 평생 동안 여자만 밝히는 사람이다.

사람은 동물에 비유하기 때문에 사람의 행동은 동물의 행동의 비교된다.

HUMAN BEHAVIOR IS ANIMAL BEHAVIOR
인간의 행동은 동물의 행동이다

She bitched about Dan but I knew she was devoted to him.
그 여자는 Dan에 대해 심술 맞지만 나는 그 여자가 그 남자에게 헌신적이라는 것을 알고 있다.

Her mother was catty.
그 여자의 어머니는 벌레 같은 사람이다.

Good friends do not rat on each other.
절친한 친구들은 서로 배반하지 않는다.

The fact that the U.S. is saying these things makes it easier for the British Government to weasel out.
미국 정부가 이것을 말했다는 사실은 영국 정부가 쉽게 회피하도록 한다.

다음으로 한국어에 '찰떡궁합', '천생연분', '배필' 등이 있는데 영어는 다음과 같은 표현이 있다.

LOVE IS CAPTIVE ANIMAL
사랑은 체포된 동물이다

'사랑은 체포된 동물이다'는 동물이 사람에게 붙잡혀 '우리' 안에 갇히듯이 사랑에 빠지면 이성에게 빠지기 때문이다.

She gave way to her feelings of love.
그 여자는 사랑의 감정에 졌다.

결국 두 사람이 사랑하게 되면 영어는 새 중 비둘기에 비유한다. 미국말에 잉꼬 부부 혹은 원앙이란 표현은 없다.

LOVER IS A PIGEON
연인은 비둘기이다

We sat there billing and cooing till after midnight.
우리는 밤새 내내 그곳에 앉아 입을 맞추며 달콤하게 속삭였다.

Look at those two lovebirds on the bench over there.
저쪽 벤치에 앉아 있는 비둘기들이 이리로 오고 있다.

Our love nest has been discovered.
우리 사랑의 보금자리가 사람들에게 발각되었다.

It was all lovely-dove.
그곳은 온통 사랑의 비둘기였다.

사랑하는 연인을 pigeon, dove, 혹은 love gird에 비교하며, 연인들의 보금자리를 새의 둥지인 nest에 비유한다. 하지만 영어와는 다르게 한국어는 연인을 비둘기 이외에 잉꼬와 원앙으로 비유한다.

서로 사랑하는 사람들은 각자 상대방이 얼마나 자기를 사랑하는지 확인을 하고 싶어 하는 경우가 많다. 그래서 우리말에 '자기 없이는 못살아', 혹은 '나 혼자서는 못살아'라는 표현이 있다.

HAPPINESS IS A CAPTIVE ANIMAL
행복은 붙잡힌 동물이다

His feelings of joy broke loose.
행복감을 표현했다.

She could not hold back rears of joy.
그 여자는 즐거움을 나타냈다.

He gave way to his feelings of happiness.
그는 참았다가 행복감을 표출했다.

행복의 정도가 너무 강한 경우는 다음 표현을 쓴다.

HAPPINESS IS A RAPTURE
행복은 황홀이다

I was drunk with joy.
나는 기쁨에 도취되었다.

It was a delirious feeling.
아주 행복하다.

She is high on life.
그 여자는 인생의 최고의 전성기이다.

The experience was intoxicating.
흥분이 되는 경험이다.

I am on a natural high.
나는 그냥 기분이 좋다.

위 표현을 사용 할 정도이면 행복에 겨워 자신이 무슨 일을 하는지를 모를 정도일 것이다. 이런 표현도 보다 더 행복한 감정을 나타내는 경우도 있는가? 물론 영어는 더한 행복감을 나타낼 때 다음과 같이 표현한다.

HAPPINESS IS INSANITY
행복은 광기이다

He were crazy with joy.
그는 아주 좋아했다.

I was beside myself.
나는 제정신이 아니다.

I was mad with happiness.
나는 아주 행복하다.

우리말에서 행동이 느린 사람을 '굼벵이'에, 영어는 '거북이' 혹은 '달팽이'에 비유한다. 그래서 e-mail이 생기기 전에 우편배달부가 전해주는 편지를 snail mail이라고 했다. 이처럼 영어는 사람을 동물에 비유한다.

A HAPPY PERSON IS AN ANIMAL
행복사람은 동물이다

She was happy as a pig in slop / a shit.
그 여자는 아주 행복하다.

He was chirping like a cricket.
그는 행복하다.

He is as happy as a clam.
그는 행복하다.

I am as happy as a horse in hay.
나는 행복하다.

She was crowing with excitement.
그 여자는 행복하다.

영어는 행복한 사람을 여러 동물 중 돼지우리에 있는 돼지, 귀뚜라미, 조개, 마구간에 있는 말, 그리고 까마귀에 비유하고 있다. 특히 까마귀는 우리나라에서는 불길한 새이지만, 미국에서는 노아의 방주에서 노아가 물이 빠졌는지를 알기 위해 처음 날려 보낸 새가 까마귀이기 때문에 좋은 새로 여긴다.

행복이 주로 외부의 힘에 의해 생기는 경우는 다음 표현을 사용한다.

HAPPINESS IS A NATURAL FORCE
행복은 자연적인 힘이다

삼라만상이 자연의 이치에 의해 이루어지듯이 인간의 행복도 자연스럽게 생기기 때문이다.

He was carried away with joy.
그는 기쁨에 도취되어 있다.

They were transported.
그들은 황홀해졌다.

사랑에 빠지고, 행복한 사람만을 동물에 비교하는 것은 아니다. 다음처럼 분노에 찬 사람도 동물에 비유되어진다.

ANGER IS A DANGEROUS ANIMAL
분노는 위험한 동물이다

She has a ferocious / fierce temper.
그 여자는 성질이 불같다.

It is dangerous to arouse her anger.
그 여자가 화가 나면 무섭다.

She has a monstrous temper.
그 여자는 성질이 사납다.

He lost his grip on his anger.
그는 화가 났다.

표현이 다르면 의미도 다르다는 것을 다음의 예를 통해 알아보자.

He is very angry about the way he's been treated.
그는 자신이 대접 받은 것에 대해 화가 났다.

Patients are angry at the increase in the cost of medicines.
환자들은 의료비용의 증가에 대해 화가 났다.

Are you angry with me?
당신은 나한테 화가 났어요?

angry다음에 어떤 전치사를 쓰는지에 따라 의미가 달라지는데 예를 들어 about은 이것저것에 대해, at은 일시적으로, with는 지속적으로 화를 냈다는 뉘앙스에 차이가 있다.

다음으로 분노를 일으키는 가장 대표적인 경우인 비난(criticize)에 대해 알아보자. native speak는 어떤 사람을 비난하거나 화가 나서 말을 하는 경우 그 사람을 때리거나 부상을 입히는 이미지를 떠 올린다.

    She hit out angrily at the judge's decision.
    그 여자는 판사의 결정에 화가 났다.

    He lashed out at me, accusing me of not caring.
    내가 그에게 관심을 보이지 않자, 그는 나를 비난했다.

    They tore me to pieces / shreds.
    그들은 나에게 화를 냈다.

    They were gunning for me.
    그들은 나에게 화를 냈다.

    Don't beat yourself up over this.
    이것 때문에 화를 내지 마라.

    Don't knock what you don't understand.
    당신이 이해하지 못한 것을 이야기 하지마라.

    There's no need to jump down my throat.
    화 낼 필요가 없다.

우리 인간을 동물로만 영상화되는 것은 아니다. 많은 사람들의 이동은 물의 흐름으로 본다.

PEOPLE ARE LIQUID
인간은 액체이다

    The whole area around the stadium is teeming with people.
    경기장 주변에 사람들이 많다.

    The local pubs are overflowing with people.
    그 지방의 술집은 사람들이 넘친다.

    I watch people slowly trickling in.
    나는 사람들이 서서히 움직이는 것을 보았다.

    There is a surge in the crowd.
    군중들이 늘어나고 있다.

인간의 이동을 물의 이동의 이미지를 통해 표현하고 있다.

연습문제

A. 보기를 참조하여 밑줄에 들어 갈 단어를 고르시오.

| hounded | bitched | bear | pig | beast |

1. The pain was more than I could _____ .

2. I don't think our relationship could _____ the strain of her mother visiting for a month.

3. He's just an ignorant _____ .

4. He claims the media _____ him out of office.

5. Our teacher _____ us out for not doing our homework again.

6. The U.S. movie audience is a very different _____ .

B. 다음 예문을 번역하시오.

1. There is constant sea of people coming in.

2. Everybody floods / pours in 15 minutes before the class begins.

unit 14
Plants 식물 Image

words bank

plant [plænt] 식물, 공장

vegetable [védʒətəbəl] 야채, 활기가 없는 사람

mushroom [mʌʃru(ː)m] 버섯

seed [siːd] 씨앗, (악의) 근원, (싸움의) 원인

root [ruːt, rut] 뿌리, 근원

cultivate [kʌ́ltəvèit] (땅을) 갈다, 경작하다, (재능·정신 따위를) 신장하다, (사람을) 교화하다

hothouse [hóthàus] 온실, (범죄·악습의) 온상

germinate [dʒə́ːrmənèit] 싹트다, (생각·감정 등이) 생겨나다

sprout [spraut] 싹이 트다, 발육하다

flourish [flə́ːriʃ] 번영하다(thrive), 미사여구를 늘어놓다, 자랑하다(boast)

wither [wíðər] 시들다, 희박해지다

shrivel [ʃrív-əl] 주름살지다(wrinkle), 못쓰게 하다

shade [ʃeid] 그늘, (색조의) 미묘한 차이, 사소한 차이

fade [feid] 흐릿해지다, (소리가) 사라져 가다

bud [bʌd] 싹, 막 사교계에 나온 아가씨

offshoot [ɔ́ːfʃùːt] 가지, 후손, 파생물(derivative)

fertile [fə́ːrtl] (땅이) 비옥한, 풍작의, (상상력 등이) 풍부한

reap [riːp] (농작물을) 베어들이다, 획득하다, (보답 따위를) 받다

179

자주 쓰이는 '식물'과 관련된 낱말의 의미를 알아보자.

plants

전력(화공품) 혹은 자동차(장비)를 만드는 공장을 말한다.

> a nuclear / chemical plant
> 핵 / 화학 공장
>
> a power / processing plant
> 발전소 / 처리 공장
>
> a car assembly plant
> 자동차 조립 공장

vegetable

당근과 감자와 같은 식물을 vegetable이라고 하며 식물도 살아있기는 하지만 사람이나 동물처럼 살아서 움직이지는 않기 때문에 사람에게 이 단어를 쓰는 경우는 움직일 수 없는 '식물인간'을 말한다.

> She was virtually a vegetable.
> 그 여자는 식물인간이나 마찬가지이다.

또한 총명하지 않는 사람이란 뜻도 있다.

> When I married you, you weren't such a vegetable!
> 내가 당신과 결혼 했을 때 당신은 그런 바보는 아니었다.

vegetable과 유사한 경우에 cabbage도 사용된다.

mushroom

버섯은 다른 식물에 비해 성장 속도가 빠르기 때문에 아주 빠르게 성장을 하는 과정을 나타낸다.

Trade between the two countries has mushroomed.
두 나라 사이의 거래가 증가하고 있다.

seed

씨앗이 큰 식물로 자라듯이, 아이디어 혹은 감정 등의 근원을 말하는 경우에 쓰인다.

The seeds of doubt were already planted in his mind.
그 남자는 이미 의심하기 시작했다.

root

seed와 유사한 의미이지만 '뿌리'는 식물의 가장 중요한 부분이기 때문에 중요한 영향을 줄 때 사용된다.

Computerizing these old records will help people trace their roots.
이 오래된 기록을 컴퓨터로 저장 해놓으면 사람들이 그들의 뿌리를 찾는데 도움이 될 것이다.

With this latest book the author goes back to his Scottish roots.
최근의 책 때문에 저자들은 그의 스코틀랜드의 뿌리를 찾을 수가 있었다.

What are the historical roots of the region's problems?
그 지역 문제의 역사적인 원인은 무엇이냐?

The Association has its roots in the early 1950s.
그 협회는 1950년대 뿌리를 두고 있다.

We need to get to the root of the problem.
우리는 그 문제의 근본을 이해 할 필요가 있다.

어떤 조직에서 그 단체를 이끄는 리더가 아니라 평범한 사람들은 grass root라고 한다.

stem

일반적으로 명사가 아니라 동사가 비유적으로 사용되고, 처음 것이 또 다른 것을 만들거나 파생이 될 때 사용된다. 때로는 그 반대의 의미로 어떤 나쁜 것이 확산

되는 것을 막는 경우에도 쓰인다.

These policies have helped to stem population loss.
이 정책들은 인구가 감소하도록 했다.

Police are attempting to stem the rising tide of rural crime.
경찰은 그 지역의 범죄가 증가하는 것을 억제하는 중이다.

thorny

조심해서 다루어야 할 문제를 나타낸다.

Now we come to the thorny question of cost.
이제 우리는 비용이란 까다로운 문제를 다루어야 한다.

branch

① 회사나 어떤 조직의 '지점'

The store has branches in over 50 cities.
그 가게는 50여개 도시에 지점이 있다.

② 학문의 한 분야

Mechanics is a branch of physics.
기계학은 물리학의 일종이다.

flower

우리말에도 '꽃다운 나이에 그 여자는 죽었다'는 표현처럼 영어에서도 어떤 것의 가장 아름다운 부분을 말한다.

Men were killed in the flower of their youth.
사람들이 꽃다운 나이에 죽었다.

또한 완전히 발달했거나 더 성공을 했을 때 사용된다.

His musical talent flowered in his twenties.
그의 음악적인 재능이 20대에 꽃을 피웠다.

blossom

나무에서 피는 '꽃'으로 긍정적으로 어떤 일이 전개 될 때 사용된다.

Their romance blossomed on a trip to Key West.
그들의 사랑은 Key West로 여행 했을 때 무르익었다.

The town has blossomed into the country's most popular beach resort
그 도시는 그 나라의 가장 인기 있는 해안 휴양지로 발전했다.

bloom

식물에서 피는 '꽃'으로 젊고, 건강하고 그리고 매력적인 상태를 말한다.

She had lost a good deal of her bloom.
그 여자는 자신의 매력을 상실했다.

She had a healthy bloom in her cheeks.
그 여자는 뺨에 홍조를 띄었다.

fruit

과일 나무에 과일이 열리듯이 어떤 사건이 결실이 성공적이었을 때를 말한다.

Our policies must be given time to bear fruit.
우리의 정책이 결실을 맺기 위해서는 시간이 필요하다.

cultivate

❶ 태도, 기술, 그리고 능력 같은 것을 발전하는 경우

He's trying to cultivate a more caring image.
그는 좀더 다정한 이미지를 가지기 위하여 노력하고 있는 중이다.

❷ 다른 사람과의 관계를 발전시키는 것

She always cultivated friendship with the ruling class.
그 여자는 항상 지배 계급과 친분을 쌓고 있다.

prune

어떤 것의 크기 혹은 가격을 줄이기 위해 필요 없는 것을 없애는 경우에 쓰인다.

Companies must continually prune costs to stay competitive.
회사들이 지속적으로 경쟁력을 갖기 위하여 비용 삭감을 해야만 한다.

crop

동시에 나오거나 발생하는 이미지 때문에 더 강해지고 더 나아지는 상황에 사용된다.

This summer's crop of Hollywood movies will be reviewed on Saturday.
토요일에 이번 여름철에 나온 할리우드 영화의 비평이 있을 것이다.

reap

한 행동에서 좋은 결과를 얻을 때 사용된다.

We will all reap the benefits of this important research.
우리는 이 중요한 연구에 대한 혜택을 받을 것이다.

harvest도 reap과 비슷한 뜻을 가진 단어이다.

dig up

다른 사람이 원하지도 않은데 그 사람에 대해 정보를 알아내려고 하는 경우이다.

> The press has already started to dig.
> 언론이 이미 정보를 캐내기 시작했다.

> If I'd dug deeper, I might have found out what happened to his wife.
> 만일 내가 더 깊이 알아내면 나는 그의 부인에게 있었던 일을 알 수도 있을 것이다.

> When we investigated his background, we dug up some interesting facts.
> 우리가 그의 배경을 조사하면 우리는 몇 가지 흥미로운 사실을 알아낼 수 있다.

weed out

어떤 집단에서 불필요한 사람을 제거하는 경우이다.

> We need a process that weeds out corrupt police officers.
> 우리는 부패한 경찰관을 제거할 과정이 필요하다.

hothouse

식물을 자연스런 상태가 아니라 속성시키는 온실이기 때문에, 특히 어린아이를 강요적으로 학습시키는 상황을 암시한다. 곧, 이 표현을 사용하는 경우 부정적인 학습 관행을 말한다.

> The school has always had a hothouse atmosphere.
> 그 학교는 악행의 근원이다.

germinate

아주 작은 것에서 생각이나 아이디어가 발전하는 경우이다.

> A sense of unease began to germinate in the group.
> 그 그룹에는 걱정이 싹트고 있다.

185

sprout

어떤 상황이 sprout하다는 것은 갑자기 숫자가 늘어나는 경우이다.

> New businesses began to sprout up across the country.
> 새로운 사업이 그 나라 전체에서 생겨나기 시작했다.
>
> Anti-government posters are sprouting up along a nearby wall.
> 정부에 반대하는 포스터가 근처의 벽에 걸리기 시작했다.
>
> Thick pipes sprouted from the floor.
> 두꺼운 파이프가 벽에서 튀어 나왔다.

flourish

이 단어는 식물이 아주 빠르게 성장하는 경우에 사용되기 때문에 어떤 일이 아주 성공 한 경우이다.

> His new business is flourishing.
> 그의 새 사업이 번창하고 있는 중이다.
>
> The congregation continued to grow and flourish.
> 군중들이 계속 늘어가고 있다.

wither

식물이 말라가는 경우에 쓰이는 단어이기 때문에 어떤 것이 점점 혹은 완전히 효과적이지 않거나 사라진 경우에 이용되는 낱말이다.

> Their romance withered when they came back to England.
> 그들의 사랑은 영국에서 돌아와서는 시들해졌다.

wilt

사람이 wilt하다는 것은 점점 힘이 없어지면서 확신이 없는 경우이다.

Martinez seemed to wilt in the heat in the second set.
Martinez는 사람은 더워 몸에 희망이 없어져 갔다.

shrivel

양이나 정도가 점점 적어지는 경우이다.

Funding for the project eventually shriveled up.
그 계획을 위한 기금이 마침내 없어졌다.

Her angry tone had shriveled any confidence.
화난 음성에는 어떤 확신도 없었다.

shed

이해하기 어려운 과정을 설명하는 경우에 사용된다.

Can you shed any light on the situation?
그 상황에 대해 당신은 설명을 할 수 있느냐?

나무와 식물의 부분과 관련된 이미지들이 다음의 예를 통해 있다.

After travelling the world for a couple of years, She was ready to go home and put down some roots.
몇 년 동안 세계를 여행 한 후 그 여자는 집에 가서 자리를 잡을 생각이었다.

떠돌아다니는 생활을 그만두고 한 장소에 정착을 하는 경우에 'put down some roots'라고 한다. 뿌리는 어떤 것의 유래(origin)를 나타낸다.

✦ 뿌리와 관련된 표현
go back to your root : 가족의 뿌리를 찾다
the root of a problem/a tradition : 문제의 근원
take root : 생각이 받아들여지다

Her discontent stems from a traumatic experience she had last year.
그 여자의 불만은 그 여자가 작년에 겪었던 악몽에서 나왔다.

stem은 어떤 것이 어떤 다른 것에서 유래가 되는 경우에 쓰인다.

We haven't a blue sweater in your size, but you could try our Oxford Street branch.
우리는 당신에 맞는 스웨터는 없지만 다른 지점에서 알아보겠다.

다음 예들에서는 식물의 성장과 정원의 이미지를 이용한 동사들의 용례들이다.

The idea was germinating while we were on holiday.
우리가 휴기를 보내는 동안 그 생각이 떠오르기 시작했다.

People can shed employees / traditions / worries / inhibitions / weight.
사람들이 동료와 결별하다.

Hopes of finding survivors are fading.
살아 있는 사람을 찾을 희망이 점점 없어지고 있다.

High inflation means that our savings are shrivelling.
높은 인플레이션 때문에 우리의 저축이 점점 줄어들고 있다.

It was so hot in the classroom that the students were starting to wilt.
교실 안이 너무 더워 학생들이 지치기 시작했다.

She gave him a withering look.
그 사람의 기를 죽이는 눈빛을 그 여자는 보냈다.

때로는 아이디어를 사람의 생로병사와 더불어 식물의 성장 과정과 관련하여 표현된다.

IDEAS ARE PLANTS
생각은 식물이다

The idea grew in her mind until she could think of nothing else.
그 여자가 어떤 것도 생각하지 않을 때까지 아이디어가 그 여자의 마음속에서 생겨났다.

I had already planted the idea in their minds.
나는 이미 그들의 마음에 그 아이디어를 심었다.

I had sown the seeds of doubt.
나는 의심의 씨앗을 뿌렸다.

The idea germinated slowly in his mind.
그는 그 아이디어가 서서히 생겨났다.

This belief quickly took root.
그 믿음은 빠르게 자리 잡았다.

These beliefs are deep-rooted.
이 믿음은 뿌리가 깊다.

Her idea have finally come to fruition.
그 여자의 생각은 마침내 결실을 맺었다.

This is a budding theory.
새로이 형성되는 이론이다.

She views chemistry as a mere offshoot of physics.
그 여자는 화학을 단지 물리학의 한 분야로 본다.

Maths has many branches.
수학은 많은 분야가 있다.

He has a fertile imagination.
그는 상상력이 풍부하다.

사람 혹은 집단들 사이의 관계는 물리적인 연결 이미지이다. 좋은 관계는 서로 연결이 되지만 좋지 않은 관계는 연결이 끊어지는 이미지이다.

RELATIONSHIPS ARE PLANTS
관계는 식물이다

We were inseparable as children.
어린아이처럼 우리는 헤어질 수 없다.

The very first time that they met they bonded immediately.
그들이 처음 만났을 때 그들은 바로 친해졌다.

I was very attached to him.
나는 그를 좋아한다.

The school encourages links between students and local businesses.
그 학교는 학생들과 지역 기업체간의 유대를 촉구한다.

He was left some money by a distant relative.
그는 몇 푼의 돈을 먼 친척이 남겨 놓았다.

Cracks appeared in the relationship.
그 관계에 균열이 생겼다.

There was a growing rift between president and vice- president.
대통령과 부통령 사이에 갈등이 있다.

The book describes the deep divisions within the administration.
그 책은 행정부 사이에 깊은 분열을 기술하고 있다.

The party was torn apart.
파티가 엉망이었다.

She had just split / broken up with her boyfriend.
그 여자는 남자 친구와 헤어졌다.

My parents separated when I was very young.
부모님들이 어렸을 때 별거했다.

native speaker는 '조직'을 정원으로 본다. 그 이유는 정원을 만들기 위해 땅을 갈고 씨앗을 뿌리고, 그 결과로 마무에서 열매를 맺기도 한다. 또는 열매를 맺지 못하고 시들기도 한다. 이처럼 조직도 결성하고, 번성도 하지만 때로는 조직이 무너지기도 한다.

ORGANIZATIONS ARE GARDEN
조직은 정원이다

We can't go on plough more and more money into ads.
우리는 광고에 많은 돈을 더 쓸 수 없다.

All our problem stem from bad communication.
우리의 모든 문제는 의사소통의 부재 때문이다.

That means we all must cut back on all necessary expense.
그것은 우리 모두 필요한 경비를 줄여만 하는 것을 의미한다.

I am pleased to say the business is starting to flourish again after a difficult three years.
나는 그 사업이 3년간의 어려움 뒤에 번창 했다는 것을 말하니 기쁘다.

We are planning to branch out into a couple of new areas.
우리는 새로운 분야로 확충할 계획이다.

Our promotional campaign is beginning to bear fruit at last.
우리의 선전 캠페인이 마침내 결실을 맺기 시작하는 중이다.

사회조직도 식물이다.

SOCIAL ORGANIZATION ARE PLANTS
사회조직은 식물이다

She works for the local branch of the company.
그 여자는 그 회사의 지방 분점에서 일한다.

Our company is growing.
우리 회사가 번창중이다.

The boss had to prune the workforce.
사장이 노동인원을 감축해야만 했다.

The organization was rooted in the old church.
그 조직은 오래된 교회에 뿌리를 두고 있다.

Employers reaped enormous benefits from cheap foreign labour.
사장님은 값싼 해외 노동력으로부터 많이 이윤을 챙기고 있다.

연습문제

○ 보기를 참조하여 다음 밑줄에 적당한 단어를 쓰시오.

apple	mushrooming	clover	potato	fruitful	go
rooted	take	seeds	put	branches	stems	budding
stem	fertilization	fertile	fruitful

1. Bush has spent most of his life in Seattle, but he is keen to _____ back to his roots when he retires.

2. The business is firmly _____ in the west of Japan.

3. The idea took some time to _____ root but it is very fashionable now.

4. Her grandfather sowed the _____ of the business success.

5. The US bookshop chain is opening a number of _____ in the UK.

6. It is about time she _____ down some roots.

7. The idea for his novel _____ form his interest in mountain climbing.

8. The College turns out a thousand _____ every year.

9. If you are the _____ of your teacher's eye, does your teacher like or dislike you?

10. If something, for instance new houses, is said to be _____ , what is happening?

11. If someone lives in _____ , do they live very poorly or very luxuriously?

12. What kind of person is a couch _____ ?

13. If discussions are _____ , what are they like?

14. What does this idea _____ from?

15. She has a _____ imagination.

16. It was a _____ line of research.

17. The work shows evidence of cross-_____ from many disciplines.

unit 15
Building 빌딩 Image

words bank

build [bild] 건축하다, (사업·재산·명성 등을) 쌓아 올리다, (의론·주장을) 내세우다

construct [kənstrʌ́kt] 건설하다, (기계·이론 등을) 꾸미다, 구성하다

demolish [dimáliʃ] 부수다, (계획·제도·지론 따위를) 뒤엎다

cement [simént] 시멘트, 접합제, (우정 따위의) 유대

tower [táuər] 우뚝 솟다, (한층, 우뚝) 뛰어나다

ruin [rúːin] 파멸, 파산, 폐허, 파멸의 원인

foundation [faundéiʃən] (기금에 의한) 설립, 기초

wall [wɔːl] 벽, 장애

roof [ruːf] 지붕, 가정, 정상

ceiling [síːliŋ] 천장, 한계, (가격·임금 따위의) 최고 한

door [dɔːr] 문, (출)입구, -이르는 길(관문)

key [kiː] 열쇠, 관문, 해답, 해결의 열쇠

lock [lɑk] 자물쇠, 뒤얽힘

window [wíndou] 창(문), 진열창, (은행 따위의) 창구, 매표구, 관찰할 기회

gateway [geitwèi] 통로, (성공으로 가는) 길, 수단

threshold [θréʃhould] 문지방, 시초, 출발점

access [ǽkses] 접근, (노여움 등의) 발작

bar [bɑːr] 막대기방망이, 장애, 장벽

bolt [boult] (음식을) 급히 먹다, 걸쇠로 잠기다

barrier [bǽriər] 방벽, 장애(물)

buttress [bʌ́tris] 버팀벽으로 버티다, 지지하다, 보강하다

underpin [ʌndərpín] 약한 토대를 보강하다, 지지하다(support)

explode [iksplóud] 폭발시키다, (학설·신념·미신 등을) 타파하다

corridor [kɔ́ːridər] 복도

glass ceiling 유리 천장, (직장 내에서 소수파(여성)의 승진을 막는) 보이지 않는 장벽

establish [istǽbliʃ] 확립하다, (제도·법률 등을) 제정하다, (사실·이론 등을) 확증[입증]하다

support [səpɔ́ːrt] 지탱하다, 원조하다

abandon [əbǽndən] (사람·장소·지위 등을) 버리다, (계획·습관 등을) 단념하다

blueprint [blúːprint] 청사진, 면밀한 계획(을 세우다)

architect [ɑ́ːrkitèkt] 건축가, 설계자

edifice [édəfis] (큰) 건축물, (사상의) 체계

block [blɑk] (나무·돌·금속 따위의) 큰 덩이, 장애(물)

crash [kræʃ] 갑자기 나는 요란한 소리, (정부·상점 등의) 붕괴, 완전한 실패

다음 예문들에 있는 굵은 활자의 단어들은 공통적으로 어떤 이미지인가?

The boss went through / hit the roof when she saw Robert arriving late again.
사장님은 Robert가 다시 늦었을 때 화가 났다.

I hope that this researcher's work may hold the key to solving the problem.
나는 이 연구자의 일이 그 문제를 해결하는데 중요한 열쇠가 될 수도 있기를 바란다.

A degree in economics opens the door to a number of interesting job opportunities.
경제학 학위는 많은 흥미로운 직업 기회를 제공한다.

Bill towers over all the other lawyers in his firm.
Bill이 자신의 회사에서 다른 변호사보다 가장 뛰어나다.

His argument with the board las year has shut a lot of doors or her in this company.
작년 그 위원회에서 그의 논쟁은 이 회사에서 그 여자를 위한 기회를 차단했다.

건물과 관련된 이미지이고 다음 단어들을 통해 의미를 더 알아보자.

build

점점 성공을 향해 갈 때 혹은 점점 어떤 일이 나아갈 때 쓰인다.

He set out to build a business empire and succeeded.
그는 사업을 차려서 성공했다.

Many popular writers built up their reputations during the war.
많은 인기 있는 작가들이 전쟁기간 동안 명성을 쌓았다.

construct

여러 생각이 결합이 되는 경우에 쓰인다.

He could now construct short sentences in Spanish.
그는 스페인어로 짧은 문장을 작문 할 수 있다.

demolish

어떤 사람의 계획을 완전히 망치는 경우에 사용된다.

> It was an experience that completely demolished her confidence.
> 그것은 그 여자의 확신을 깨트리는 경험이었다.

cement

달성이나 관계가 더 공고히 되는 경우이다.

> The goal of the president's visit was to cement relations between the two countries.
> 그 대통령의 방문 목적은 두 나라 사이의 관계를 공고히 하는 것이다.
>
> Let's have a drink together to cement our partnership.
> 우리의 관계를 공고히 하기 위하여 건배하자.

참조로 home은 행복함과 안락함이 강조되고 house는 건물 자체를 의미한다. 그래서 '모델 하우스(model house)'라고 하고 '스위트 홈(sweet home)'이란 표현을 쓴다.

tower

다른 사람들보다 더 성공을 하거나 더 중요할 경우이다.

> Polls indicate that she towers over the party's other potential candidates in public fame.
> 여론 조사에 따르면 그 여자는 대중들의 인기 면에서 그 정당의 다른 잠재적인 후보자들보다 인기가 높은 것으로 나타나고 있다.

ruins

돈이나 명예들을 잃거나 혹은 완전히 어떤 것을 망친 경우이다.

> They didn't want to be accused of ruining everyone's fun.
> 그들은 모든 사람의 흥을 깬 것에 대한 비난을 받고 싶지 않다.

It was a scandal that totally ruined the company.
그것은 그 회사를 완전히 망친 추문이었다.

foundation

어떤 일의 준비작업으로 기초를 다진 경우에 쓰인다.

There is no painless way to get inflation down.
인플레이션을 내린 방법이 없다.

wall

사람들 사이의 친밀감을 막는 벽으로 이미지화 된다. 곧, 장벽이다.

A wall of silence had grown up between them.
계속 그들 사이에는 침묵의 벽이 있다.

roof

아주 높은 단계까지 빠르게 증가하는 경우이다.

Stock prices have gone through the roof in the past six months.
증권 가격이 지난 6개월 동안 치솟았다.

ceiling

수나 양의 상한선을 나타낸다.

They imposed a ceiling on agricultural imports.
그들은 농업 수입품에 상한선을 부과했다.

door

조직이나 기회에 접근 한다는 의미를 지닌다.

For these young men, a sports career can be a door to fame and fortune.
젊은이들에게 운동 경력은 명성과 부의 기회이다.

This new job has really opened a lot of doors for her.
이 새로운 일은 정말로 그 여자에게 많은 기회를 준다.

back door

부정한 방법으로 어떤 일을 하는 경우이다.

They managed to sneak the legislation in through the back door.
그들은 그럭저럭 부정한 방법으로 법망을 피했다.

key

중요함을 나타낸다.

Proper planning is the key to success.
적절한 계획이 성공의 열쇠이다.

Foreign policy had been a key issue in the campaign.
그 운동에서 외교 정책이 중요한 문제이다.

lock

변할 수 없는 상황을 말한다.

The two communities have been locked in a bitter argument over access to the land.
그 두 사회는 그 땅에 대한 심각한 논쟁을 벌였다.

window

우리는 집에서 창문을 통해 밖을 보기 때문에, 특정한 상황이나 주제를 이해하도록 돕는 경우에 쓰인다.

The event at York University offers a window on the latest green technology.
York 대학에서의 사건은 최첨단 기술에 대한 기회를 제공한다.

완전히 어떤 일을 하지 않는다는 것을 암시한다.

When money is mentioned, principles go out of the window.
돈이 언급되면 원칙은 무용지물이 된다.

gateway

접근(access)을 나타낸다.

A degree in law is a gateway to a well-paid job.
법학 학위는 연봉이 좋은 직장에 취직 할 수 있다.

영미권 native speaker들은 기회(opportunity)를 가지는 것은 문을 통해 건물 안으로 들어가는 이미지를 사용한다.

This opened the door to a new way of life.
이것은 새로운 생활 방식에 기회를 제공한다.

He was on the threshold of an exciting new career.
그는 흥미로운 새로운 경력을 하려고 한다.

Having a degree unlocked many opportunities.
학위를 가지는 것은 많은 기회를 준다.

What would you say is the key to success?
당신은 성공의 열쇠는 무엇이라고 생각하느냐?

The company has several openings for trainees.
그 회사는 훈련생들에게 많은 기회를 준다.

Not everyone had access to higher education.
모든 사람이 고등 교육을 받을 수 있는 것은 아니다.

I felt that I had gotten my job by the back door.
나는 부정한 방법으로 일 자리를 얻었다는 것을 느꼈다.

We operate an open-door policy.
우리는 공개적인 정책을 편다.

때로는 다음의 예에서 보듯이 기회를 노크하는 것으로 개념화된다.

She felt that all doors were barred / bolted / closed against her.
그 여자는 모든 기회가 차단되었다.

Age is no barrier to success.
나이는 성공의 장벽이 아니다.

이론이나 아이디어를 건물로 보기 때문에 아이디어를 제안하는 것은 어떤 것을 만들고, 아이디어를 파기하는 것은 건물을 부수는 것으로 영상화된다.

IDEAS ARE BUILDING
아이디어는 빌딩이다

Their ideas were based / built on many years of practical experience.
그들의 생각은 수년 동안의 실용적인 경험에서 나온다.

It proved to be a ground-breaking new idea.
그것은 아주 새로운 아이디어이다.

It gave us a workable frame of reference.
그것은 우리에게 참조 할 사항을 준다.

This helped buttress / underpin his arguments.
이것은 그의 논증을 지지하고 있다.

She completely demolished his argument.
그 여자는 완전히 그의 논증을 무너뜨렸다.

This will help us explode widespread myths about retirement.
우리는 이것 때문에 은퇴에 대해 널리 퍼져있는 오류를 뒤엎도록 했다.

조직을 건물로도 이미지화 된다.

AN ORGANIZATION IS A BUILDING
조직은 건물이다

You need to get in on the ground floor.
당신은 일층으로 들어 갈 필요가 있다.

A lot of women in the company have complained about the glass ceiling.
그 회사의 많은 여자들이 승진 장벽에 대해 불평하고 있다.

This is the responsibility of people in high places.
높은 지위에 있는 사람들에는 책임이 있다.

His diaries recorded life in the corridors of power.
그의 일기는 권력에 있을 때의 삶을 기록했다.

The decisions were made behind closed doors.
그 결정들은 밀실에서 이루어 졌다.

If you ever do it again, you'll be out the door.
만일 당신이 이것을 다시 한다면 쫓겨 날 것이다.

경력도 건물로 본다. 그 이유는 하나하나의 벽돌이 쌓여 빌딩이 되듯이 한 사람의 경력도 오랜 세월에 걸쳐 단계적으로 이루어지기 때문이다.

CAREERS ARE BUILDING
경력은 빌딩이다

His career was in ruins.
그의 경력은 무너졌다.

Government grants have enabled a number of the top names in British sport to build a successful career.
정부 보조금이 영국 운동선수들 중 스타급에게 성공적인 경력을 쌓도록 했다.

회사도 건물로 본다. 그 이유는 빌딩은 여러 건축 자재로 이루어지듯이 회사도 여러 부서 혹은 모회사와 자회사가 협력해야 하기 때문이다.

A COMPANY IS A BUILDING
회사는 빌딩이다

Five years ago, he and partner set up on their own and **built up** a successful computer company.
5년 전에 그와 파트너는 자신의 컴퓨터 회사를 차렸고 성공을 했다.

다음에서 Wall Street를 어떻게 해석해야 하는가?

① I want to buy an apartment in Wall Street.

② Wall Street will never lose its well-deserved prestige.

③ Wall Street is in panic.

①은 장소, ②는 증권 기관, 그리고 ③은 증권 기관에서 일하는 사람을 의미한다.

사람들 관계도 건물이다. 그 이유는 건물에 주춧돌이나 버팀목이 있듯이, 사람의 관계도 서로 받쳐주고 의지해야 하기 때문이다.

RELATIONSHIP IS A BUILDING
관계는 건물이다

She is interested in **establishing** a romantic relationship.
그 여자는 낭만적인 사랑에 관심이 있다.

다음에서는 건물의 여러 요소 중 지지대를 부각하여 동사 support를 쓰고 있다.

He felt that Ann was not **supporting** him enough to get good grades.
그는 Ann이 좋은 점수를 받도록 돕지 않았다고 생각한다.

관계가 끊어질 때도 건물 이미지를 쓴다.

He felt torn as a father, torn apart and abandoned as a lover.
그는 아버지와 연인으로서 모두 버림받았다.

사람들과의 관계는 건물 이미지 외에 다음처럼 연결(link)이미지도 많이 쓰인다.

The two of them were beginning to form those bonds.
그들 두 사람은 유대 관계를 형성하기 시작했다.

사람을 더 이상 만나지 않으면 연결이 끊어진 것으로 본다.

He could disconnect her from her lover.
그는 그 여자와 그녀의 애인 사이를 떼어 놓았다.

또한 어떤 일을 성취하는 것을 native speaker는 건물로 보고, 달성하는 과정을 건물을 짓는 과정으로 이해한다.

They built up the business over 20 years.
그들은 20년 동안 사업을 유지하고 있다.

The organization was built on traditional principles.
그 조직은 전통적인 원칙에 의해 세워졌다.

This web site is still under construction.
이 사이트는 만드는 중이다.

They laid the foundations for future success with a carefully balanced range of products.
그들은 균형 잡힌 품목들로 앞으로 성공의 기초를 다지고 있다.

This was the blueprint for success.
이것은 성공의 청사진이다.

She was the architect of the company's expansion overseas.
그 여자는 그 회사의 해외 확장의 설계자이다.

It is a towering achievement.
좋은 업적이다.

These developments threatened the whole edifice of government.
이 발달은 그 정부의 전체 체계를 위협한다.

All her life's work was in ruins.
그 여자의 모든 일은 무너졌다.

Strong foreign markets are the building blocks of a successful economy.
강한 외국 시장들이 성공적인 경제를 이루고 있다.

Everything seemed to come crashing down around them.
그들 주위에 있는 모든 것이 무너졌다.

논쟁을 전쟁의 구조에서 이해를 하기도 하지만 다음처럼 건물에 비유되기도 한다. 그 이유는 건물도 단계적으로 쌓아가듯이 논쟁도 단계적으로 진행되어야만 체계적이기 때문이다.

ARGUMENT IS BUILDING
논쟁은 건물이다

건물 중 강도에 초점을 맞추듯이 다음 예들도 논증의 강도를 부각하고 있다.

I have got the framework for a solid argument.
나는 논증에 견고한 틀을 갖추었다.

With the groundwork you have got, you can construct a pretty strong argument.
당신이 쌓아온 기초 작업을 토대로 아주 강력한 논증을 구성 할 수 있다.

그러나 다음은 논증의 진행 혹은 내용을 강조하고 있다.

We have now most of the argument.
우리는 이제 논증의 대부분을 구성했다.

연습문제

A. 두 단어의 쌍을 연결하시오.

   A. glass   ivory   brick   back   key
   B. door   feature   ceiling   tower   wall

B. 밑줄에 들어갈 단어를 보기에서 고르시오.

   bridge   build   constructed   foundation   collapsed / fell apart

   1. We need to _____ a picture of the community's needs.
   2. He played a key role in building _____ between management and the unions.
   3. The food industry needs to _____ consumer confidence again.
   4. It was a carefully _____ theory.
   5. Your accusations are without _____ .
   6. The theory _____ after he produced new data.

C. 해석을 참조하여 밑줄에 들어갈 단어 고르시오.

   door   ruin   construct   ceiling

   1. Police have called in an expert to _____ a psychological profile of the murderer.
   2. A _____ of $100 was put on all donations.
   3. The government is reluctant to shut the _____ on these proposals.
   4. This decision could open the _____ to higher costs.
   5. Despite good sales, many of these stores are facing _____ .
   6. Reducing quotas could bring economic _____ to a small fishing village like this.

unit 16
Money 돈 Image
words bank

spend [spend] (돈을) 쓰다, (노력·시간·말 따위를) 들이다

use [juːs] 사용, 쓸모, 이익

waste [weist] 낭비하다, (좋은 기회 따위를) 놓치다

buy [bai] 사다, (대가·희생을 치르고) 손에 넣다, 획득하다

spare [spɛər] 절약하다, 불행·수고 따위를 끼치지 않다, 덜다, 사양하다

profitable [práfitəbəl] 유리한, 이문이 있는

account [əkáunt] 계산서, 예금 계좌, 이야기, 이유

share [ʃɛər] 몫, 할당, 역할

bite [bait] 한번 깨묾, (풍자 등의) 신랄한 맛

swallow [swálou] 들이켜다, 그대로 받아들이다

eat [iːt] 먹다, 벌레 먹다, 부식하다, (병·걱정 등이) ---을 서서히 좀먹다

rich [ritʃ] 부자의, 풍부한, 기름진, 의미심장한

wealth [welθ] 부자, 다량

treasure [tréʒər] 보배, 소중한 것

style [stail] 문체, (특수한) 방법, 방식

chic [ʃi(ː)k] 멋, (독특한) 스타일

pool [puːl] 물웅덩이, 천연 가스층

pile [pail] 더미, 대량, 큰돈

drown [draun] 익사시키다, 탐닉하게 하다

wade [weid] (강 따위를) 걸어서 건너다, 일하다

snow [snou] 눈이 내리다, 눈처럼 쇄도하다, 깜짝 놀라게 하다

swamp [swɑmp] 물에 잠기게 하다, 궁지에 몰아넣다, 밀물처럼 쇄도하다

inundate [ínəndèit] (강물이) 침수시키다, 충만 시키다

immerse [iməːrs] 잠그다, 빠져들게 하다

207

과거 한국인은 정신적인 여유를 중요시 했지만, 현대 사회로 전환되면서 물질적인 충족을 만족하기 위해 시간을 낭비하는 일이 사라진 것 같다. 마찬가지로 미국은 합리적인 사고방식을 추구하는 사회이기 때문에 그들 문화에서는 시간은 귀중한 상품이다. 예를 들어 미국 사람들은 시간제 임금, 연간 예산, 대출금 이자 등 시간을 귀중한 상품으로 생각하고 행동한다. 그래서 영어 표현에는 다음과 같이 시간을 물질로 보게 된다.

TIME IS MONEY
시간은 돈이다

시간을 돈으로 보고 있다.

I've **spent** a lot of time on this project.
나는 이 프로젝트에 많은 시간을 보냈다.

We are **running out of** time.
우리는 시간에 쫓기고 있다.

You have **used up** all the time you had left.
당신은 당신에게 남아있는 모든 시간을 다 썼다.

Stop **wasting** time.
시간을 낭비하지 마라.

We've managed to **buy** ourselves some more time.
우리는 그럭저럭 더 많은 시간을 아낄 수가 있다.

I can only afford to **spend** a few hours on it.
나는 몇 시간만을 그것에 쓸 수 있다.

I have no further time to **spare**.
나는 더 이상 낭비할 시간이 없다.

Has this been a **valuable** / **profitable** use of your time?
이것이 당신 시간에 가치 있는 것이냐?

It isn't worth **waiting** any longer.
더 이상 기다릴 필요는 없다.

Her time there was very **precious to** her.
그곳에서의 시간은 그 여자에게는 아주 중요했다.

Every single minute of his day is accounted for.
그의 모든 시간들이 중요하다.

Thank you for your time.
시간을 내주어 고맙습니다.

영어 표현에서 '돈'은 어떻게 이미지화되는지 다음 예를 통해 이해해보자.

'돈'은 사람들 사이에 같이 나누어 먹고 공유하는 음식(food)과 같은 것으로 본다.

They didn't get a fair share / slice of the cake / pie.
그들은 공정하게 분배를 하지 않는다.

The rent takes a large bite out of their income.
집세가 그들 수입에서 많은 비중을 차지한다.

My car insurance premium swallowed my whole tax refund.
내 차의 보험 프리미엄이 내 전체 세금 반환에 들어간다.

This ate into our savings.
이것 때문에 우리의 저축이 줄어든다.

또한 시간은 한국어의 '세월이 유수와 같다'처럼 영어도 시간을 움직일 수 있는 개체로 인식하여 다음과 같은 표현을 쓴다.

TIME IS A MOVING OBJECT
시간은 움직이는 개체이다

The time for action has arrived.
조처를 취해야 할 시간이 왔다.

I look forward to the arrival of Easter.
부활절이 오기를 기다리고 있다.

Before Me is a great opportunity, and I don't want it to pass us by.
내 앞에 좋은 기회가 있는데, 그 기회를 놓치고 싶지 않다.

시간은 추상적이지만 미래는 앞에 놓여 있고, 과거는 뒤에 있는 것으로 개념화가 된다.

I can't face the future.
나는 미래에 대처 할 수가 없다.

Let's meet the future head-on.
미래에 정면으로 맞서자.

위의 예와는 반대로 시간은 정지가 되었고 우리가 이동을 하는 것으로 보아 다음과 같은 영어 표현도 있다.

We go through the years.
세월을 헤쳐 나갔다.

We go further into the 1990s.
우리는 1990년에 들어섰다.

We are approaching the end of the year.
연말이 다가온다.

아이디어는 자원이외에 다음처럼 돈으로 이미지화된다. 그 이유는 좋은 아이디어는 상품으로 전환하면 돈을 벌 수 있기 때문이다.

IDEAS ARE MONEY
생각은 돈이다

She is rich in ideas.
그 여자는 아이디어가 풍부하다.

He has a wealth of ideas.
그는 아이디어가 풍부하다.

That book is a treasure trove of ideas.
그 책은 아이디어의 보고이다.

영어 원어민은 좋은 아이디어는 칼날의 이미지와 동일시한다. 그 이유는 물건을 '칼'로 자르듯이 예리한 생각은 '칼날'에 비유되기 때문이다.

IDEAS ARE CUTTING INSTRUMENT
생각은 자르는 도구이다

This was a cutting remark.
예리한 논평이었다.

She is sharp.
그 여자는 예리하다.

The man has a keen mind.
그 남자는 날카로운 두뇌를 지니고 있다.

He cut her argument in ribbons.
그는 그 여자의 논증을 난도질했다.

생각도 시대에 맞는 것과 시대에 뒤진 것이 있기 때문에 영어 원어민은 아이디어를 유행과 비교한다.

IDEAS ARE FASHION
생각은 유행이다

This idea went out of style years ago.
이 생각은 수년전에 유행이 지났다.

I hear linguistics is in these days.
나는 언어학이 요즘 한창이라는 것으로 알고 있다.

That idea is old hat!
그 아이디어는 구식이다.

What are the new trends in English Literature?
영문학의 새로운 추세는 무엇이냐?

She keeps up-to-date by reading Time.
그 여자는 타임을 읽어 시대의 흐름을 읽고 있다.

Cognitive linguistics has become quite chic.
인지 언어학은 이제 아주 세련되었다.

때로는 아이디어를 사고파는 물건 혹은 포장을 해야 할 상품으로 이미지화 된다.

IDEAS ARE COMMODITIES
생각은 상품이다

She won't buy that.
그 여자는 그것을 받아들이지 않을 것이다.

That idea won't sell.
그 아이디어는 전혀 먹혀들지 않는다.

This is a worthless idea.
이것은 가치가 없는 생각이다.

She has been a source of valuable ideas.
그 여자는 귀중한 아이디어들의 원천이 되었다.

또한 아이디어는 자원으로 비교된다.

IDEAS ARE RESOURCES
생각은 자원이다

Let's pool our ideas.
생각을 모아보자.

She is a resourceful lady.
그녀는 생각이 풍부한 숙녀이다.

This is a useless idea.
이것은 쓸모없는 아이디어이다.

바쁜 일 때문에 시간에 쫓기는 경우 영어는 다음처럼 어떤 물건을 덮는(cover)이미지를 사용한다. 또는 물이나 지하수에 둘러 싸여있어 움직일 수 없는 것으로 영상화된다.

They keep piling more work on me.
그들은 계속해서 내게 일을 많이 시킨다.

I'm drowning in paperwork.
나는 서류 정리에 바쁘다.

I have got a lot of work to wade through.
나는 처리해야 할 일이 많다.

I'm snowed under with work.
나는 할일이 많다.

I don't have time to turn around.
나는 뒤 돌아 볼 시간이 없다.

We're absolutely swamped at the moment.
우리는 바쁜 일 때문에 정신을 차리지 못했다.

We've been inundated with phone calls.
우리는 전화가 쇄도했다.

They buried / immersed themselves in their work.
그들은 일에 몰두했다.

연습문제

A. 밑줄에 들어 갈 단어를 쓰시오.

   gobble up / devour   scraps   starved

   The richest nations _____ the world's resources.

   The company was _____ of investment capital.

   We have to make do with _____ from their table.

B. 다음 시 구절을 읽고 시간이 어떻게 이미지화 되고 있는가?

   1. Time overtacles all things alike.
      시간은 모든 것을 평등하게 낚아채간다.

      [Aeschylus, Eumenides에서 인용]

   2. Love is not Time fool, though rosy lips and cheeks
      Within his bending sickle's compass come.
      사랑은 시간의 광대는 아니다. 장미 빛 입술도 뺨도
      시간의 구부러진 낫이 닿은 곳에 있다.

      [세익스피어 소네트 116번에서 인용]

unit 17

Flying 비행 Image

words bank

soar [sɔːr] 높이 날다, (물가 따위가) 급등하다, (희망 등이) 부풀다

boost [buːst] (뒤·밑에서) 밀어 올리다, 후원하다

plummet [plʌ́mit] 수직으로 떨어지다, 갑자기 내려가다

tumble [tʌ́mb-əl] 넘어지다, (가격 따위가) 폭락하다, (권세가 따위가) 몰락하다

dip [dip] 담그다

gallop [gǽləp] 재빠른 행동, 급속한 진행

stagger [stǽgər] 비틀거리며 나아가다, 망설이다, 주저하다(hesitate)

slide [slaid] 미끄러지다, 빠져나가다

turbulence [tə́ːrbjələns] (사회·정치적인) 소란, 동요

soft-landing 불경기나 고(高)실업률을 초래하지 않고 경제 성장률을 낮추는 일

물체의 움직임과 관련된 단어의 의미를 알아보자.

soar

기분이 갑자기 좋아지거나 희망이 보일 때 쓰인다.

> **For the first time in months, my spirits soared.**
> 몇 달 만에 기분이 좋았다.

가격, 실업률, 그리고 인플레이션이 갑자기 통제 할 수 없을 정도로 오르는 경우로 의미가 확대된다.

> **Unemployment has soared.**
> 실업률이 치솟았다.

climb

❶ 온도, 가격 등이 높아진 경우

> **Temperatures climbed into the 90s.**
> 90년대에 온도가 상승했다.
>
> **Unemployment has climbed steadily over the past year.**
> 작년에 실업률이 꾸준히 증가했다.

❷ 직장과 사회적인 위치가 올라간 경우

> **He began working at eighteen, determined to climb the career ladder.**
> 그는 18살에 일하면서 출세하였다.

❸ 목록이나 경쟁에서 높은 위치를 차지하고 있는 경우

> **The book climbed steadily to number one on the New York Times bestseller list.**
> 그 책은 뉴욕 타임스 베스트셀러 목록에서 1위로 올랐다.

plunge

① 단계 혹은 양이 갑자기 내려오는 경우

> The temperature is expected to plunge below zero tonight.
> 온도가 오늘 밤 영하로 떨어질 것 같다.

② 열정을 가지고 처음에 어떤 일을 하는 경우

> Your help will not always be appreciated at first, but plunge in anyway.
> 당신의 도움이 항상 처음에는 진가를 인정받지 않을 수도 있지만 어쨌든 시작 할 것이다.

plummet

plunge보다는 plummet가 갑자기 비율 등이 더 낮아진 경우에 쓰인다.

> Stock prices plummeted today.
> 증권 가격이 오늘 폭락했다.

slump와 tumble도 plunge와 유사한 의미를 지닌다.

> Unemployment tumbled to 5.6% in November.
> 실업률이 11월에 5.5퍼센트 하락했다.

만일 어떤 조직이 tumble하는 경우는 갑자기 없어지는 경우이다.

> Communism came tumbling down all over Eastern Europe.
> 전 유럽에서 공산주의가 무너졌다.

dip

아래로의 이동은 부정적이기 때문에 어떤 상태가 부정적 혹은 급격히 어떤 상태가 떨어지는 경우이다.

> Public support for the project has dipped sharply.
> 그 계획에 대한 대중적인 지지가 급격히 저하되었다.

다음 단어들은 움직이는 방식을 나타내고 있다.

gallop

양이나 수준이 갑자기 증가하는 경우이다.

> The galloping / runaway inflation of the previous three years seemed to have brought under control.
> 지난 3년 동안 높은 인플레이션은 통제 되고 있는 것 같다.

runaway는 통제 할 수 없을 정도로 가격이나 체계가 증가하는 경우이다.

stagger

불안하게 걷는 걸음걸이에서 파생되어 어떤 조직이 잘 작동하지 않는, 곧 많은 문제점이 있다는 것을 암시한다.

> The marriage staggered on for a little while longer.
> 그 결혼은 한동안 흔들리고 있다.

lurch/stumble도 stagger와 뜻이 유사하다.

slide

서서히 어떤 상황이 좋아지지 않는 경우이다.

> Seoul's residential property prices have been sliding since 1990.
> 서울의 주거 땅값이 1990년 이후로 하양세이다.

비행기가 오르고 내리듯이 영어 native speaker는 '경제'를 비행기에 비유한다.

ECONOMICS IS FLYING
경제는 비행이다

There is a lot of turbulence in financial markets at present.
현재 재정 시장에 혼란이 있다.

Several Asian currencies are plunging to their lowest levels this year.
몇 몇 아시아 통화가 올해 최저치까지 떨어졌다.

The market is in free-fall.
시장이 급격히 하락하고 있다.

Japan has proposed an aid package to help Asian economics climb out of recession.
일본은 불경기에 있는 아시아 경기를 돕기 위해 공수 물자를 제안했다.

Despite the present difficulties, economics think that the British economy will make a soft landing in the autumn.
현재의 어려움에도 불구하고 경제학자들은 영국의 경제가 가을에는 연착륙(불경기를 초래하지 않고 경제 성장률을 낮추는 일)을 할 것이라고 말했다.

인플레이션과 같은 추상적인 개체를 native speaker는 이동할 수 있는 구체적인 물건으로 이미지화한다.

INFLATION IS AN ENTITY
인플레이션은 개체이다

We need to combat inflation.
우리는 인플레이션과 싸워야 한다.

Inflation makes me sick.
나는 인플레이션이 지긋지긋하다.

Buying jewellery is the best way of dealing with inflation.
보석을 사 놓는 것이 인플레이션에 대처하는 최고의 방법이다.

Inflation is taking its toll at the checkout counter and the gas pump.
물건을 살 때나 기름을 넣을 때나 인플레이션 때문에 손해를 본다.

영어 원어민 화자들은 인플레이션만 물체로 보는 것이 아니라 다음처럼 재산 (wealth)도 물체로 본다.

WEALTH IS A HIDDEN OBJECT
재산은 숨겨진 물체이다

She is **seeking** her fortune.
그 여자는 재산을 찾고 있다.

He is flaunting his **new-found** wealth.
그는 새로이 얻은 재산을 자랑하고 있다.

She is a **fortune-hunter**.
그 여자는 돈을 보고 결혼하려는 사람이다.

She **lost** her fortune.
그 여자는 재산을 잃었다.

위에서 본 비행이미지 외에 native speaker들은 회사를 배(ship) 이미지로 표현한다. 우리말로 같은 처지에 있는 사람을 '한 배에 탔다'라고 표현한다. 마찬가지로 영어에서도 회사원들은 같은 목표를 지향하기 때문에 회사를 배에 비유한다.

A COMPANY IS A SHIP
회사는 배이다

The half-year figures are looking very good. I'd say we were **on course** for the best year in our company's history.
반년동안의 수치가 좋다. 나는 우리가 회사가 생긴 이후로 최고 수준이라고 말하고 싶다.

We are **all the same boat**.
우리는 같은 처지이다.

If you have any questions, ask Ms. Lee. She knows **know the ropes** like her. She has been here for over 15 years.
만일 당신이 어떤 질문이 있다면 Lee에게 물어라. 그 여자는 잘 알고 있는데, 그 이유는 이곳에서 15년 동안 근무했기 때문이다.

연습문제

○ 보기를 참조하여 밑줄에 알맞은 단어를 넣어 완성하시오.

dipped climbed plummeted plunging

1. Our profits _____ 30%.

2. Support for the war has _____ since the beginning of the year.

3. This was not the time to be _____ into some new business venture.

4. Their profits _____ from $20 million to $50 million last year.

unit 18
Gambling 도박 Image

words bank

game [geim] 놀이(sport), 계략(trick), 사냥감

toy [tɔi] 장난감, 쓸모없는 것, 노리갯감

pawn [pɔːn] 전당, 약속

trump [trʌmp] (카드놀이의) 으뜸패, 비결, 최후의 수단

stalemate [stéilmèit] 수의 막힘(쌍방이 다 둘 만한 수가 없는 상태), 교착상태

sports [spɔːrts] (복장 등이) 경쾌한, 스포츠용의

player [pléiər] 선수, 도박꾼(gambler)

marathon [mǽrəθàn] 마라톤의, 장시간에 걸친

sail [seil] 항해하다, 힘 있게 일을 시작하다

hunt [hʌnt] 사냥하다, 찾아 헤매다

chance [tʃæns] 우연, 기회

stake [steik] 내기, 상금, 이해관계

draw [drɔː] 끌다, 당기다, (마음을) 끌다

ace [eis] (시험)에서 A를 따다, 아무를 이기다

toss [tɔs] 던져 올리다, 말 참견하다; 가볍게 검토하다

lose [luːz] 잃다, (시간·노력 따위를) 낭비하다(waste), 손해보다

bluffing [blʌf] 절벽의, 무뚝뚝한, 솔직한

struggle [strʌ́g-əl] 노력, 싸움, 전투
the struggle for existence 생존경쟁

222

surrender [səréndər] 양도하다, 포기하다

overcome [òuvərkʌ́m] 극복하다

halt [hɔːlt] 멈추다, 주저하다, 망설이다

offer [ɔ́ːfər] 제공하다, 제출하다, 시도하다, 구혼하다

knock [nɑk] 때려 쓰러뜨리다, 깜짝 놀래다

beat [biːt] (계속해서) 치다, 이기다

thrash [θræʃ] 때리다, 패배시키다

annihilate [ənáiəlèit] 전멸시키다, (법률 따위를) 무효로 하다, 좌절시키다

batter [bǽtər] (야구·크리켓의) 타자, 때려 부수다

hammer [hǽmər] 망치로 치다, 생각해내다, 여지없이 이기다

clobber [klɑ́bər] 사정없이 치다, 때려눕히다, 비판하다

smash [smæʃ] 부딪히다, 대패시키다

slaughter [slɔ́ːtər] 도살(butchering), 대량학살(massacre)

crush [krʌʃ] 짓밟다, 진압하다

hit [hit] 치다, 마주치다, (생각이)떠오르다

blow [blou] 바람이 불다, 낭비하다, (비밀을) 누설하다, 실수, (기회 등을) 놓치다

reel [riːl] (실을) 감다, 술술 이야기하다

impact [ímpækt] 충격, 영향

move [muːv] 움직이다, 흥분시키다

touch [tʌtʃ] 접촉하다, 감동시키다

upset [ʌpsét] 뒤집어엎다, 실패시키다

stir [stəːr] 움직이다, 흥분하다, 선동하다
　　　　　The wind stirs the leaves.
　　　　　바람이 나뭇잎을 살랑거리게 한다.
　　　　　He did not stir a finger.
　　　　　그는 손가락 하나 까딱 안 했다.

bowl [boul] 공굴리기를 하다, 해치우다

injure [índʒər] 상처를 입히다, (감정 등을) 해치다

hurt [həːrt] 상처 내다, 해치다

agony [ǽgəni] 고통, (감정의) 격발, (필사적인) 사투

wrestle [rés-əl] 맞붙어 싸우다, (고통·유혹 따위와) 싸우다

subdue [səbdjúː] 정복하다, (분노 따위를) 억제하다

yield [jiːld] 생기게 하다, 양보, (비밀 따위를) 밝히다
　　　　　A tree yields fruit.
　　　　　나무에는 열매가 연다.
　　　　　Land yields crops.
　　　　　땅에서 농작물이 난다.

appease [əpíːz] (사람을) 달래다, (갈증을) 풀다

fill [fil] 채우다, (결함을) 메우다, 만족시키다

creep [kriːp] 기다, 비굴하게 굴다, 은근히 환심을 사다

torment [tɔ́ːrment] 고뇌, 골칫거리

haunt [hɔːnt] 종종 방문하다, 따라다니며 괴롭히다

sick [sik] 병의, 그리워하고

insane [inséin] 미친, 비상식적인

경기 혹은 도박과 관련된 단어의 의미를 알아보자.

game
운동경기에서 규칙에 따라 경기를 하듯이 다른 분야에서도 운동처럼 규칙을 따라야 하는 경우에 쓰인다.

In this business, you have to know the rules of the game.
이 사업에서도 당신은 경기의 규칙을 알아야만 한다.

He worked in the building game all his life.
그는 평생 동안 건축업에서 일했다.

또한 덜 진지하게 다루어지는 행동이나 상황을 나타낸다.

Marriage is just a game to them.
결혼은 그들에게 단지 유희였다.

They are playing political games with people's safety.
그들은 정치적인 게임을 위해 사람들의 안전을 담보로 하고 있다.

toy
어떤 사람이 즐거움의 대상으로 다루어지는 경우이다. 또는 어떤 일을 가볍게 변화 할 수 있을 때 쓰인다.

She had toyed with the notion of going abroad that spring.
그 여자는 그 해 봄에 해외에 갈 생각이다.

chess
복잡하고 교활한 방법으로 상대방을 이용하려는 경우이다.

A deadly game of chess is being fought on London's streets between the terrorists and the police, with the public as pawns.
체스 게임처럼 런던 거리에서 대중을 인질로 테러리스트와 경찰과의 싸움이 있었다.

pawn은 다음처럼 어떤 목적을 달성하기 위해 미끼로 사용되는 경우이다.

> We are just pawns in her ambitious plans.
> 우리는 그 여자의 야망에 희생물이었다.

또한 품질이 좋지 않기 때문에 사지 않으려는 것을 다른 사람이 사기를 강요하는 경우에도 쓰인다.

> I managed to pawn off all of the old stock.
> 나는 그럭저럭 오랜 된 재고품을 전당 잡혔다.

trump

상대방이 가지지 않은 이점을 이용해 사업과 스포츠에서 이기는 경우이다.

> Tom Cruise has come up trumps at the US box office with his new movie.
> Tom Cruise는 새 영화 때문에 미국 영화 흥행에서 선두이다.

stalemate

사람들이 동의를 하지 않아 더 이상 어떤 일을 진행하는 것이 불가능한 경우에 사용된다.

> They fought round of talks ended in a stalemate.
> 그들은 진퇴양난인 대화에서 싸웠다.

> Management and the unions have reached a stalemate in their negotiations.
> 경영자와 노동조합은 협상 타협이 이루어지지 않았다.

sport

항상 남을 도우려고 하거나 합리적인 방법으로 항상 행동하는 사람을 가리킨다. game과 다르게 sport에 이런 뜻이 있는 이유는 game은 주로 경쟁 혹은 승부가 목표이지만 sport는 친선으로 운동을 하는 기본 이미지 때문이다.

Andy was a real sport and agreed to play for the other team.
Andy는 멋진 선수이다. 그래서 다른 팀을 위해 뛰는 것에 동의했다.

Thanks Shelly, you're always such a good sport.
감사합니다, Shelly. 당신은 정말 멋진 사람이다.

위에서 멋진 사람에 sport만이 가능하고 game은 틀린 단어이다.

player

사업이나 정치에 영향을 주는 사람 혹은 조직을 가리킨다.

Germany is seen as a key player within the European Union.
독일은 유럽 연합 내에서 중요한 나라이다.

Scottish companies could become major players in the world market for green technologies.
스코틀랜드의 회사들은 환경 기술로 세계 시장에서 중요한 역할을 할 수 있다.

marathon

오랜 시일이 요구되는 행동을 말한다. 또한 끈기도 필요로 하는 것을 암시한다.

The meeting turned out to be a bit of a marathon.
그 회의는 장기전 양상이다.

sail

어떤 일을 빠르게 하는 경우이다.

He was bright, and sailed through his exams.
그는 영리해서 시험을 잘 보았다.

hunt
어떤 중요한 사람이나 물건을 찾는 경우이다.

A nationwide hunt has been launched for the missing child.
어린 아이를 찾기 위해 전국적으로 수색이 시작되었다.

The hunt for a cure for cancer continues.
암의 치료를 찾기 위한 노력이 지속되고 있다.

fish
간접적인 방법으로 어떤 것을 찾으려고 하는 경우이다.

She fished some coins out of her pocket.
그 여자는 호주머니에서 동전을 찾았다.

angling
직접적인 방법이 아니라 간접적으로 어떤 일을 하거나 달성하려고 하는 경우이다.

It sounds as if he is just angling for sympathy.
마치 그는 동정을 받으려는 것처럼 보였다.

bait
어떤 사람에게 어떤 것을 사도록 촉구하는 경우에 사용된다.

Interest-free credit is being offered and customers are taking the bait.
이자가 없는 신용대부여서 손님들을 유혹했다.

neck and neck

치열한 경쟁이나 시합을 나타낸다.

The candidates are running neck and neck in this election.
이번 선거에서 후보자들의 경쟁이 치열하다.

gamble

위험은 있지만 좋은 결과가 있을 것으로 예상되는 것을 하는 경우이다.

The improved atmosphere persuaded some foreign investors to gamble on a recovery.
향상된 환경이 몇 몇 외국 투자가들에게 경기 회복을 하도록 야기했다.

Mr. Bush is gambling that his idea will attract support from the public.
Bush는 자신의 아이디어가 대중들의 지지를 받을 것으로 확신했다.

favorite

경쟁에서 가장 승리 할 팀 등을 가리킨다.

The Yankees are favorite to win the series.
양키즈가 시리즈에서 승리 한 팀이다.

odds

성공하게 할 것 같지 않은 어려움이나 조건을 말한다.

Left alone, they were fighting against overwhelming odds.
홀로 남은 그들은 역경과 싸우고 있다.

Against all odds we finally won.
우리는 모든 역경에 대항하여 마침내 이겼다.

인생을 다음처럼 도박에 비유한다.

LIFE IS A GAMBLING GAME
인생은 도박(게임)이다

인생을 살아가면서 사건들이 마치 경기와 도박에서 이기려고 하는 것처럼 인생살이에서 다른 사람보다 앞서려고 하는 것으로 영상화된다. 혹은 인생의 상황들이 우연히 일어나는 것으로 이미지화된다.

I'm on a winning / losing streak.
나는 이겼다/졌다.

You win some, you lose some.
당신은 이기기도 하고 지기도 했다.

It's all been a race against time.
시간과의 시합이다.

This is not a level playing field.
이것은 공정한 시합이 아니다.

I will take my chances.
모험을 하겠다.

Those are high stakes.
큰 도박이다.

That is the luck of the draw.
그것은 제비뽑기이다.

The odds are against her.
그 여자는 승산이 없다.

You have got an ace up my sleeves.
너는 비상수단을 준비해두어야 한다.

Maybe I need to sweeten the pot.
아마 돈을 더 걸어야 한다.

Let's up the ante.
출자액을 올리자.

She is holding all the aces.
그 여자는 좋은 점만 있다.

It is toss-up.
승부를 알 수 없다.

If you play your cards right, you can do it.
당신의 능력을 잘 활용하면 그것을 할 수 있다.

She won big.
그 여자는 출세했다.

You are a real loser.
너는 완전한 패배자이다.

She is bluffing.
그 여자는 속임수를 쓰고 있다.

만일 사랑하는 이성이 쉽게 넘어오지 않으면 마치 권투 경기에서 상대 선수를 이겨야 하듯이 사랑도 게임에서 이겨야 하기 때문에 다음과 같은 표현을 쓴다.

LOVE IS AN OPPONENT
사랑은 반대자이다

He was struggling with his feelings of love.
그는 사랑의 감정과 싸우고 있다.

Love took complete control over him.
그 남자는 사랑에 완전히 굴복 당했다.

Eventually she was surrendered to her love.
그 여자는 사랑에 완전히 굴복 당했다.

He was overcome by love.
그 남자는 사랑에 굴복 당했다.

술도 게임으로 본다. 게임을 통해 기분전환을 할 수 있듯이, 술을 통해 스트레스를 해소하는 공통점이 있기 때문에 술을 게임에 비유한다.

ALCOHOL IS A GAME
술은 게임이다

Susan **halted** the idea of "recreational alcohol drinking".
Susan은 "술을 기분전환"으로 마시는 생각을 버렸다.

Joe **offered** Mary a drink.
Joe는 Mary에게 술을 권했다.

행복은 맞수로 이미지화된다. 인생은 행복과 불행이 공존하기 때문에 우리말에도 '흥망성쇠' 등의 표현이 있다. 마찬가지로 영어는 '행복'을 위해서 '불행'에 맞서 싸우는 것으로 이미지화한다.

HAPPINESS IS AN OPPONENT
행복은 적대지이다

Happiness **took complete control over** her.
그 여자는 아주 행복했다.

He was **overcome with joy**.
그는 아주 행복했다.

He was **knocked out**.
그는 지쳤다.

경기에서 이기는 경우는 적을 때리거나 죽이는 것으로, 경기에서 지는 것은 부상을 당하는 것으로 영상화된다.

The Dodgers **beat** the Marlins 7-1.
Dogers가 Marlin를 7-1로 이기다.

They were **thrashed** by the Hawks.
그들은 Hawk에 참패했다.

The home team **annihilated** the visitors.
홈팀이 방문 온 팀을 완패시켰다.

The home team took a real battering.
홈팀이 이겼다.

We **hammered / clobbered / smashed** them in the final.
우리는 결승전에서 그들을 이겼다.

She slaughtered me last time we played tennis.
그 여자는 지난 번 경기에서 나를 완승했다.

They suffered a crushing defeat by the Buffalo Bills.
그들은 Buffalo Bills에 완전 졌다.

They were knocked out of the competition.
그들은 경기에서 졌다.

It was a knockout competition.
그것은 굉장한 경기였다.

영어는 어떤 것이 사람들에게 정신적인 영향을 주었을 때 세게 맞고, 만지고, 접촉을 하는 것으로 이미지화된다.

The news has hit him hard.
그는 그 영화에 깊이 감동 받았다.

The news came as a blow.
그 소식이 충격이었다.

I was reeling from the shock.
나는 쇼크 때문에 움츠려 들었다.

It had a huge impact on them.
그들에게 큰 충격이었다.

We were very moved / touched by her story.
우리는 그 여자의 승리에 감동받았다.

It was very upsetting.
그것은 아주 걱정스런 것이었다.

He made a stirring speech about duty and loyalty.
그는 의무와 충성에 관한 감동적인 연설을 했다.

She's a real knockout.
그 여자는 정말 죽여준다(멋지다).

I was bowled over / blown away by her.
그 여자 때문에 나는 황당했다.

I was very torn : I didn't know what to do.
나는 괴로워서 무엇을 해야 할지 몰랐다.

You've injured / hurt her feelings.
당신은 그 여자의 감정을 상하게 했다.

She made some very hurtful remarks.
그 여자는 약간의 고통스런 말을 했다.

It pains me to see you like this.
이와 같은 당신을 보니 고통이다.

It was agony waiting for the results.
결과를 기다리는 것은 고통이었다.

열정을 가지고 삶을 살아가거나 일을 하는 경우가 가장 큰 행복이 아닌가 하는 생각을 필자는 한다. 그래서 열정(enthusiasm/excitement)과 관련된 비유의 의미를 알아보자. 다음에서 보듯이 열정은 열(heat), 열정이 식는 것은 차가움(cold) 혹은 젖음(wet)과 관련된 이미지이다.

I don't have any burning interest in modern art.
나는 현대 미술에 관심이 없다.

It's the hottest show in town.
마을에 멋진 쇼가 있다.

Things heated up as soon as the music started.
음악이 흘러나오자 열기가 넘쳤다.

The audience was at fever pitch.
군중들이 열정에 넘쳤다.

The book was received warmly.
책이 좋은 반응을 얻었다.

He certainly has fire in his belly.
그는 확실히 영감을 받고 있다.

They seemed very lukewarm when I mentioned it to them.
그들은 그들에게 그것을 말했을 때 태도가 미온적이었다.

분노도 '맞수'의 이미지이다.

ANGER IS OPPONENT
분노는 적대자이다

I am struggling with my anger.
나는 분노와 싸우고 있다.

She was battling her anger.
그 여자는 분노와 싸우고 있다.

He fought back his anger.
그는 분노를 억눌렀다.

I have been wrestling with my anger all day.
나는 하루 종일 화를 내고 있다.

You need to subdue you anger.
화를 진정할 필요가 있다.

She lost control over her anger.
그 여자는 화를 냈다.

She yield to her anger.
그 여자는 화를 냈다.

His anger has been appeased.
그의 화가 누그러졌다.

FEAR IS AN OPPONENT
공포는 적대자이다

우리말에서는 공포를 나타내는 가장 대표적인 경우가 '공포와 싸우다' 혹은 '공포에 휩싸였다'일 것이다. 공포를 적으로 보는 개념은 영어에서도 나타난다.

1. That sight filled him with fear.
   그는 그 광경을 보고 두려웠다.

2. Fear slowly crept up on her.
   두려움이 서서히 그녀에게 다가왔다.

3. My father was **tormented** by fear.
   아버지는 두려움에 괴로웠다.

4. He was **haunted** by fear.
   그는 두려움에 차있다.

5. Linda was **sick** with fright.
   Linda는 두려워하고 있다.

6. Jill was **insane** with fear.
   Jill은 두려워 제 정신이 아니다.

7. I was **beside** myself with fear.
   나는 두려워 제 정신이 아니다.

8. Fear **took hold of** me.
   나는 두려움에 사로 잡혀 있다.

9. Fear **weighed heavily** on them.
   두려움이 그들을 짓누르다.

10. He was **engulfed** by panic.
    그는 공포에 사로 잡혔다.

11. Her actions were **dictated** by fear.
    그 여자의 행동은 두려움에 따라 행동했다.

두려움이 1에서는 그릇 안에 들어 있는 액체로, 2에서는 숨어있는 적으로, 3에서는 고문을 하는 사람으로, 4에서는 초자연적인 힘으로 5에서는 질병으로, 6에서는 비정상적인 경우로, 7에서는 분리된 개체로, 8에서는 싸움에서 적대자로, 9에서는 부담을 지우는 개체로, 10에서는 자연력으로, 11에서는 사회적인 우월성을 가진 것으로 각각 이미지화 되고 있다.

연습문제

○ 보기를 참조하여 밑줄을 완성하시오.

rat race   play ball   trump   dice   bets   running   horse race

1. They're planning to drop out of the _____ .

2. Is he in/ out of the _____ ?

3. The election will be a one- _____ .

4. They asked, but their parents wouldn't _____ .

5. This development has been on/ in the _____ for some time.

6. If you play your _____ right, you shouldn't have any problems.

7. The _____ were stacked against us.

8. Then they played their _____ card and we gave in.

9. We just had a lucky throw of the _____ .

10. All _____ are off - nobody knows what will happen now.

237

Weather 날씨 Image

climate [kláimit] 기후, 환경

sunny [sʌ́ni] 양지바른, 명랑한, 쾌활한

frosty [frɔ́ːsti] 서리가 내리는, 냉담한

icy [áisi] 얼음의, 냉담한

avalanche [ǽvəlæ̀ntʃ] 눈사태, (질문·편지 등의) 쇄도

cloud [klaud] 구름, 다수, 어두움, 오점
    Every cloud has a silver lining.
    (속담) 어떤 구름이라도 그 뒤쪽은 은빛으로 빛난다.(괴로움이 있는 반면에는 즐거움이 있다)
    a cloud of dust 자욱한 먼지
    a cloud of flies 파리 떼

shower [ʃáuər] 소나기, 많음, (탄알·눈물·피·편지 따위가) 빗발치듯 함
    a shower of presents 많은 선물
    a shower of bullets 빗발치는 총알

fog [fɔːg] (짙은) 안개, 혼미, 당황

mist [mist] 안개, (눈의) 흐릿함, (판단 따위를) 흐리게 하는 것
    She smiled in a mist of tears.
    눈물로 흐려진 눈으로 미소 지었다.

haze [heiz] 안개, (시력·정신의) 몽롱

wind [wind] 바람, 예감, (비밀의) 누설
    a free wind 순풍
    a seasonal wind 계절풍

breeze [briːz] 산들바람, 분란, 소문, 쉬운 일

hurricane [hə́ːrəkèin] 태풍, (감정 따위의) 격앙

storm [stɔːrm] 폭풍(우), (탄알 등의) 빗발, 소동, 격정
    storm는 폭풍우를 나타내는 가장 일반적인 말로 쓰인다.
    tempest는 storm보다는 예스런 말이다.
    gale은 강풍으로 storm과 breeze의 중간이며 겨울이나 환절기에 많다.
    태풍으로는 typhoon, hurricane, cyclone이란 단어가 쓰인다.

lightning [láitniŋ] 번개의, 전격적인

　　　a lightning strike /operation   전격적 파업/작전

thunder [θʌ́ndər] 천둥, 비난, 탄핵

tempest [témpist] 폭풍우, 야단법석

thaw [θɔː] 눈 녹음, (국제관계 등의) 긴장완화

　　　spring thaw 봄의 해동
　　　The frost resolved into a trickling thaw.
　　　서리가 녹아 물이 되어 떨어졌다.

climate

사회의 일반적인 상황과 분위기를 나타낸다.

　　The government reforms have created a climate of change.
　　정부의 개혁은 변화를 야기했다.

sunny

행복함, 즐거움, 그리고 긍정적임을 암시한다.

　　It was always good to see her sunny smile.
　　그 여자의 행복한 미소를 보는 것은 항상 좋다.

frosty

차가움을 나타낸다.

　　His plan met with a frosty reception.
　　그의 계획은 냉대를 받았다.

icy
차가움과 불친절을 나타낸다.

Baker's voice was cold, his dark eyes icy.
Baker의 목소리와 눈은 냉정했다.

avalanche
아주 짧은 시간동안 유사한 일이 일어났음을 암시한다.

The companies are fighting an avalanche of lawsuits nationwide.
그 회사는 전국적인 소송에 휩싸여 있다.

cloud
행동, 사건, 상황을 엉망으로 만드는 유쾌하지 못한 일을 암시한다.

Violent protests cast a cloud over the president's visit.
폭력적인 항의는 그 대통령의 방문에 어두움을 던졌다.

shower
미국 구어체 표현에서는 곧 결혼 할 친구에게 주는 선물을 나타낸다.

a baby / bridal / wedding shower
결혼 선물

fog
헛갈리거나 혼동되는 상황을 나타낸다.

My mind is in a complete fog.
나는 완전히 헛갈린다.

mist
사람들이 기억 할 수 없는 오랜 시간 이전을 암시한다.

> The program looks through the mists of time to examine the lives of our earliest ancestors.
> 그 프로그램은 우리의 이전 조상들의 삶을 연구 할 오랜 시간 이전의 시간들을 보게 한다.

> The origins of the organization are lost in the mists of time.
> 그 조직의 유래는 오래 전에 사라졌다.

haze는 불명료한 상황이나 사건을 나타낸다.

wind
'변화'를 나타내며, 아주 빠른 변화는 whirlwind(a whirlwind tour / romance, a whirl wind of emotions)라고 한다.

> The winds of change are sweeping away corruption.
> 변화의 바람이 부패를 척결 하고 있는 중이다.

breeze
아주 쉬움을 암시한다.

> Everyone thought the test was a breeze.
> 모든 사람들이 그 시험은 쉬었다고 생각했다.

hurricane
아주 부정적인 감정이나 행동을 나타낸다.

> A lot of small business will not survive the economic hurricane.
> 많은 소규모 업체들은 경제가 좋지 않을 때 무너진다.

storm

❶ 사람들이 화가 나고 흥분된 상태

His arrest provoked a storm of protest.
그의 체포는 많은 항의를 야기했다.

Laurence is blissfully unaware of the legal storm brewing around him.
Laurence는 자신 주변에 일어난 법적인 상태를 다행히 모르고 있었다.

❷ 특정한 장소에서 성공

Jazz took London and Paris by storm in the 1920's.
재즈는 1920년대 런던과 파리에서 열풍이었다.

lightning

아주 짧은 시간 지속되는 경우이다.

Two weeks ago, they launched a lightning raid into enemy territory.
두 주전에 그들은 적의 영토에 빠르게 들어갔다.

thunder

아주 큰소리를 말한다.

The horses thundered across the valley floor.
말들이 계곡을 소리를 내며 질주했다.

tempest

아주 격렬한 폭풍우로 많은 문제를 야기 할 수 있는 감정적인 상황 혹은 어려운 상태를 가리킨다.

I had not foreseen the tempest my request would cause.
나는 내가 요청을 하도록 한 상황을 예측 할 수 없다.

cool

❶ 매력적이거나 좋음

It's not considered cool to wear a helmet.
헬멧을 쓰는 것은 멋지지 않다.

I met this really cool girl last night.
나는 지난밤에 멋진 소녀를 만났다.

Cara's taking a really cool art class at the community college.
Cara가 전문대학에서 멋진 예술 수업을 듣고 있다.

❷ 쌀쌀맞음 혹은 냉정함

The senator got a cool reception.
상원의원을 대하는 태도는 쌀쌀했다.

The Bush administration officials have been cool to the idea.
부시 행정부의 관리가 그 아이디어에 냉정했다.

❸ 많은 돈

He ended up with a cool $50,000.
그는 5만 달러라는 많은 돈을 축척했다.

cold

차가운 성격 혹은 차가운 반응을 말한다.

Her father was a cold and distant man.
그 여자의 아버지는 냉정한 사람이다.

She received a rather cold response.
그 여자는 차가운 반응을 받았다.

chilly

예의는 차리지만 서로 좋아하지 않은 경우에 사용된다.

>He gave her a very chilly response.
>그는 그 여자에게 쌀쌀 맞게 대했다.

자주 변하는 우리 인간의 기분을 언제 기상이 변하지도 모르는 날씨에 비교한다.

MOODS ARE WEATHER
기분은 날씨이다

What's the matter? Cheer up! you look a bit gloomy!
무슨 문제 있느냐? 기운 내라! 너는 좀 우울해 보인다.

I wish Tom was more dynamic. He always seem to be half asleep - he is a bit wet really.
나는 Tom이 더 활동적이었으면 한다. 그는 반쯤 졸린 듯하면서 약간 감상적이다.

날씨와 관련된 단어와 그 단어가 가지고 있는 암시는 다음과 같다.

    frosty - unfriendly   warm - friendly
    hazy   - confused   stormy - angry
    gloomy - sad

native speaker는 사람과 사람들 사이의 관계도 날씨에 비교한다. 날씨 이외에 온도에도 비교한다. 그래서 어떤 사람에게 친절한 경우는 따뜻함(warmth), 불친절한 경우는 차가움(cold)에 비유한다.

RELATION IS WEATHER
관계는 날씨이다

They greeted us warmly when we arrived.
그들은 우리가 도착했을 때 우리를 따뜻하게 환대했다.

They are very warm-hearted / cold-hearted people.
그들은 따뜻한 사람 / 차가운 사람이다.

I didn't like him at first but I soon warmed to him.
나는 처음에 그를 좋아하지 않았지만 나는 그에게 잘 해주었다.

She has a sunny disposition.
그 여자는 성격이 좋다.

He beamed at us approvingly.
그는 우리에게 밝게 미소 지었다.

They seemed very frosty / icy, didn't they?
그들은 아주 냉정하다.

We were met with a chilly reception.
우리는 쌀쌀 맞은 대접을 받았다.

He stared at us coldly.
그는 냉정하게 우리를 쳐다보았다.

She treated us with cool indifference.
그 여자는 우리를 무관심하게 다루었다.

사람과 사람이외에 국가 간에도 적용된다.

Contacts between the two countries have cooled in recent years.
두 나라 사이의 관계가 최근 소원해졌다.

Observers detected a thaw in Franco- Soviet relations.
관측통들은 두 나라 사이가 해빙 무드에 있다는 것을 알았다.

연습문제

A. 다음 단어와 짝을 이루는 단어를 찾으시오.

   1. prevailing   to cloud   the winds of
       a frosty   a hail of

   2. bullets, gunfire, abuse, missile, insults
       reception, look, glance, response
       change, democracy, discontent, fear, recession
       the issue, the horizon, her judgement, her thinking
       winds, view, climate, opinion, mood

B. 보기를 참조하여 밑줄을 완성하시오.

> hot and cold   shining   bright   tepid   cold   washout   shadows

1. Her response to the suggestion was _____ .
2. She poured _____ water on all my suggestions.
3. The party turned out to be a _____ .
4. He blows _____ all the time, and I never know where I am with him.
5. His eyes were _____ and hopeful.
6. I'm sure there is a very _____ future for you in this company.
7. These countries will need assistance as they emerge from the _____ of war.
8. The child's face was _____ with excitement.

이미지 Image가 중요하다

우리는 지금까지 영어 원어민 화자들의 이미지를 알아보았다. 다음에서는 자랑, 창피, 그리고 놀라움이 어떻게 이미지화 되는지 알아보면서 영어는 이미지라는 것을 꼭 필자는 강조한다.

🔴 PRIDE (자랑)

❶ Don't underestimate yourself.
  당신 자신을 너무 비하하지 마라.

❷ The sight filled him with pride.
  그는 그 광경 때문에 자긍심으로 넘쳤다.

❸ His self-esteem did not let her do it.
  그의 자존심이 그 여자가 그것을 하는 것을 허락하지 못하게 했다.

❹ Her pride was injured.
  그 여자의 자긍심이 상처 입었다.

❺ That put a dent in her pride.
  자아에 손상을 주었다.

자랑(자만)을 ❶에서는 경제적 가치가 있는 것으로, ❷에서는 그릇 안에 담을 수 있는 액체로, ❸은 우월한 것으로, ❹에서는 자존심을 상하게 하는 것은 어떤 사람에게 상처를 줄 수 있는 것으로, ❺에서는 자존심이 강한 사람에게 해를 주는 것은 물리적인 상해를 주는 것으로 각각 이미지화 되고 있다.

🔴 SHAME (창피)

❶ The memory filled him with shame.
  그 기억은 그에게 창피를 주었다.

❷ She suffered much embarrassment in her youth.
그 여자는 젊은 시절 황당함을 겪었다.

❸ I wanted to bury my head in the sand.
나는 창피하다.

❹ I shattered.
나는 창피하다.

❶에서는 그릇안의 액체로, ❷에서는 질병으로, ❸에서는 세상과의 차단, 그리고 ❹에서는 물리적인 손해를 입은 이미지로 창피를 영상화하고 있다.

SURPRISE (놀람)

❶ He was staggered by the report.
그는 그 보고서에 놀랐다.

❷ I come apart at the seams.
나는 놀랐다.

❸ I was overwhelmed by surprise.
나는 놀랐다.

❶에서는 물리적인 힘, ❷에서는 불완전한 물체, 그리고 ❸에서는 자연의 힘으로 각각 놀람을 영상화 하고 있다.

연습문제

○ 다음 예들을 통해 책임(responsibility)은 어떤 이미지와 관련이 되는가?

1. I have to carry / shoulder the responsibility for this.

2. The responsibility was weighing on my mind.

3. I don't want to be a burden to you.

4. It was a great weight / load off my mind.

5. He laid down his duties as vice-president.

6. I've been saddled with a lot of extra work.

7. You need to offload some of your work.

8. The house was a millstone around her neck.

9. I've been left holding the baby / bag.

10. We all have our crosses to bear.

11. The situation is unbearable.

이미지 목록

🔴 LIFE (인생)

LIFE IS A JOURNEY (인생은 나그네 길이다)
LIFE IS A GAMBLING (인생은 도박이다)
LIFE IS A CONTAINER (인생은 그릇이다)

🔴 LOVE (사랑)

LOVE IS MAGIC (사랑은 신비이다)
LOVE IS MADNESS (사랑은 광기이다)
LOVE IS A PATIENT (사랑은 환자이다)
LOVE IS A PHYSICAL FORCE (사랑은 물리적인 힘이다)
LOVE IS NATURAL FORCE (사랑은 자연력이다)
LOVE IS WAR (사랑은 전쟁이다)
LOVE IS A JOURNEY (사랑은 여행이다)
LOVE IS NUTRIENT (사랑은 음식이다)
LOVE IS FIRE (사랑은 불이다)
LOVE IS A UNITY OF PARTS (사랑은 두 물건의 결합체이다)
LOVE IS A HIDDEN OBJECT (사랑은 숨겨진 물체이다)
LOVE IS A FLUID IN A CONTAINER (사랑은 그릇 속의 액체이다)
LOVE IS RAPTURE (사랑은 환희이다)
LOVE IS MADNESS (사랑은 광기이다)
LOVE IS CAPTIVE ANIMAL (사랑은 체포된 동물이다)
THE OBJET OF LOVE IS A VALUABLE OBJECT
(사랑의 대상은 귀중품이다)
THE OBJECT OF LOVE IS A GOD (사랑의 대상은 신이다)

THE OBJECT OF LOVE IS A SMALL CHILD
(사랑의 대상은 아이/주인이다)

HAPPINESS (행복)

HAPPINESS IS LIGHT (행복은 빛이다)

HAPPINESS IS VITALITY (행복은 삶이다)

HAPPINESS IS A FLUID IN A CONTAINER (행복은 그릇 안의 액체이다)

HAPPINESS IS A CAPTIVE ANIMAL (행복은 붙잡힌 동물이다)

HAPPINESS IS AN OPPONENT (행복은 적대자이다)

HAPPINESS IS A RAPTURE (행복은 황홀이다)

HAPPINESS IS INSANITY (행복은 광기이다)

HAPPINESS IS A NATURAL FORCE (행복은 자연적인 힘이다)

A HAPPY PERSON IS AN ANIMAL (행복사람은 동물이다)

HAPPY IS UP (행복은 UP이다)

BEING HAPPY IS BEING IN HEAVEN (행복한 것은 하늘에 있는 것이다)

BEING HAPPY IS BEING OFF THE GROUND
(행복한 것은 땅과 분리된다)

A HAPPY SITUATION IS SAFE (행복한 상황은 안전하다)

ANGER (분노)

ANGER IS FIRE (분노는 불이다)

ANGER IS HEAT (분노는 열이다)

ANGER IS INSANITY (분노는 광기이다)

ANGER IS OPPONENT (분노는 적대자이다)

ANGER IS A DANGEROUS ANIMAL (분노는 위험한 동물이다)

ANGER IS WAR (분노는 전쟁이다)

🔴 MOOD (기분)

MOODS ARE WEATHER (기분은 날씨이다)

🔴 MAN/ANIMAL (인간과 동물)

PEOPLE ARE ANIMAL (인간은 동물이다)

HUMAN BEHAVIOR IS ANIMAL BEHAVIOR
(인간의 행동은 동물의 행동이다)

PEOPLE ARE LIQUID (인간은 액체이다)

🔴 IDEA (생각)

IDEAS ARE FOOD (생각은 음식이다)

IDEAS ARE PEOPLE (생각은 사람이다)

IDEAS ARE PLANTS (생각은 식물이다)

IDEAS ARE COMMODITIES (생각은 상품이다)

IDEAS ARE RESOURCES (생각은 자원이다)

IDEAS ARE MONEY (생각은 돈이다)

IDEAS ARE CUTTING INSTRUMENT (생각은 자르는 도구이다)

IDEAS ARE FASHION (생각은 유행이다)

IDEAS ARE FOOD (생각은 음식이다)

IDEAS ARE LIGHT-RESOURCES (생각은 투명체이다)

IDEAS ARE BUILDING (아이디어는 빌딩이다)

🔴 MIND (정신)

THE MIND IS A MACHINE (정신은 기계이다)

THE MIND IS A BRITTLE OBJECT (정신은 부서지기 쉬운 물체이다)

MIND IS A CONTAINER (정신은 그릇이다)

MIND IS COMPUTER (마음은 컴퓨터이다)

🔴 SOCIETY(사회)

SOCIETY IS A MACHINE (사회는 기계이다)
SOCIETY IS A PERSON (사회는 사람이다)
RELATIONSHIPS ARE PLANTS (관계는 식물이다)

🔴 TIME(시간)

TIME IS MONEY (시간은 돈이다)
TIME IS A MOVING OBJECT (시간은 움직이는 개체이다)

🔴 ECONOMY(경제)

INFLATION IS AN ENTITY (인플레이션은 개체이다)
INFLATION IS A PERSON (인플레이션은 사람이다)
INFLATION IS AN ADVERSARY (인플레이션은 적이다)
ECONOMIC SYSTEMS ARE BUILDING (경제 체계는 빌딩이다)
BUSINESS IS WAR (사업은 전쟁이다)
ECONOMICS IS FLYING (경제는 비행이다)

🔴 ORGANIZATION (조직)

SOCIAL ORGANIZATION ARE PLANTS (사회조직은 식물이다)
CAREERS ARE BUILDING (경력은 빌딩이다)
A COMPANY IS A BUILDING (회사는 빌딩이다)
ORGANIZATIONS ARE GARDEN (조직은 정원이다)
A COMPANY IS A PERSON (회사는 사람이다)
CHANGE ARE MOVEMENTS (변화는 이동이다)

A COMPANY IS A SHIP (회사는 배이다)

THE OFFICE IS A BATTLEFIELD (사무실은 전쟁터이다)

AN ORGANIZATION IS A BODY (조직은 몸이다)

AN ORGANIZATION IS A BUILDING (조직은 건물이다)

ARGUMENT (논쟁)

ARGUMENT IS WAR (논쟁은 전쟁이다)

ARGUMENT IS BUILDING (논쟁은 건물이다)

ARGUMENT IS JOURNEY (논쟁은 여행이다)

ARGUMENT IS A CONTAINER (논쟁은 그릇이다)

기타

SAD IS DOWN (슬픔은 아래이다)

INNOCENT IS CLEAN : SIN IS DIRTY (정직은 순수하고 죄는 더럽다)

SIMILAR IS CLOSENESS (친밀함은 유사함이다)

DIFFERENCE IS DISTANCE (멀리 있는 것은 차이가 있다)

SIGNIFICANT IS BIG (중요함은 크다)

TRIVIAL IS SMALL (사소함은 작다)

SUCCESS IS UP (성공은 위이다)

FAILING IS DOWN (실패는 아래이다)

MORE IS UP (많음은 위이다)

LESS IS DOWN (적음은 아래이다)

GOOD IS UP (좋음은 위이다)

BAD IS DOWN (나쁨은 아래이다)

VIRTUE IS UP (선은 위이다)

DEPRAVITY IS DOWN (악은 아래이다)

RATIONAL IS UP (이성은 위이다)
EMOTIONAL IS DOWN (감성은 아래이다)
FORESEEABLE FUTURE EVENTS ARE UP(AHEAD)
(예견할 수 있는 미래의 사건은 위(앞)이다)
SEX IS ONE-WAY ROAD (섹스는 일차선 도로이다)
A CONVERSATION(DISCUSSION) IS A TRIP (대화는 여행이다)
SELF IS ORGANIC CONTAINER (자아는 그릇이다)
LINGUISTIC EXPRESSION IS CONTAINER (언어 표현은 그릇이다)
SEX IS PHYSICAL FORCE (섹스도 사랑이다)
UNDERSTANDING IS SEEING (이해하는 것은 보는 것이다)
METHODS ARE TOOLS(MACHINE) (방법은 도구(기계)이다)
BUSINESS IS WAR (사업은 전쟁이다)
THE OFFICE IS A BATTLEFIELD (사무실은 전쟁터이다)
RELATION IS WAR (관계는 전쟁이다)
PROBLEMS(TROUBLES) ARE ILLNESS (문제는 질병이다)
CONSCIOUS NESS IS UP (의식은 위이다)
UNCONSCIOUSNESS IS DOWN (무의식은 아래이다)
INTERNET IS A HIGHWAY (인터넷은 고속도로이다)
SEAR CHING IS A HUNTING (탐색은 사냥이다)
LOVER IS A PIGEON (연인은 비둘기다)
PEOPLE ARE LIQUID (인간은 액체이다)
RELATIONS ARE PLANTS (관계는 식물이다)
CAREERS ARE BUILDING (경력은 빌딩이다)
A COMPANY IS A BUILDING (회사는 빌딩이다)
RELATIONSHIP IS A BUILDING (관계는 건물이다)
ALCOHOL IS A GAME (술은 게임이다)
FEAR IS AN OPPONENT (공포는 적대자이다)

연습문제 해답

■ TEST 정답 ■

1. torch 2. sport 3. hot 4. cool 5. winds 6. flame 7. haven
8. weighty 9. dry 10. coffee 11. roof 12. clam 13. towers 14. buttress
15. soared 16. body 17. surge 18. blossomed 19. door 20. rides
21. prey 22. ills 23. waging 24. tongue 25. contain 26. grasp
27. arrived 28. fell 29. red 30. in 31. level

■ 연습문제 정답 ■

❑ 영어를 잘하는 비결은 무엇인가?

[1] paralysed ailing fatal rash contagious fever prognosis disease
[2] 1-d 2-g 3-f 4-b 5-h 6-a 7-c 8-e
[3] a. bright b. dismal c. dark d. sank e. down f. up

❑ UNIT 1 음식

[A] 1에서 원하는 것을 하거나 가지는 것은 그것을 먹는 것으로 이미지화 된다. 그래서 thirsted, devoured, 그리고 hungry란 단어를 사용하고 있다. 2에서는 사랑하는 대상은 God로 신격화하면서 찬양하고 있다.
[B] 1. Boiling 2. boiling 3. waters 4. slice

❑ UNIT 2 방향

[A] 1과 2는 처벌하지 않고, 음식이 썩어가는 것은 부정적이기 때문에 come이 아니라 go를 골라야 한다. 4에서도 부정적인 경우이기 때문에 slant가 정답이다. 3번에서 친밀감이 생기는 것은 공간상으로 서로 멀어지는 것이 아니라 접근을 해야 하기 때문에 toward가 옳은 낱말이다.
[B] 1. level 2. straight and narrow 3. out of 4. in 5. went up
[C] 긍정의 이미지를 담고 있는 문장은 단어 over, high가 들어 있는 2번, 5번, 그리고 6번이다. 그리고 부정의 이미지가 있는 fell, low, mean이 있는 1번, 3번, 4번이 부정적인 내용을 암시하고 있다.

❑ UNIT 3 여행

[A] 시간은 일 방향 길(time is a on-way road)이다.
[B] 1은 steered이고 2는 vehicle이다.
[C] 어떤 일을 달성하기 위한 연속적인 과정 혹은 연예인들이 공연을 하기 위하여 길을 나서는 경우는 일반적으로 road로 나타낸다. 그래서 1, 4, 6은 road가 정답이다. 2에는 avenue가 답이다. 3과 5처럼 상황이 더 나아지거나 혹은 악화되는 경우 그리고 어떤 척도(scale)를 올라간다고 이미지화 되는 경우는 step을 쓴다. 7처럼 사람의 인생이 발달(발전)해 가는 것을 나타내는 경우는 paths를 쓴다.
[D] 1. move 2. distance 3. way 4. hill 5. passed away 6. departed

❏ UNIT 4 몸

[A] 1. hand는 손재주를 나타낸다. 그는 손재주가 좋다.
    2. head는 지능이 높은 것은 암시한다. 그는 머리가 좋다.
    3. leg는 걷거나 달리는 능력을 나타낸다. 그는 잘 달린다.
    4. eyes는 시력을 의미한다. 그는 시력이 좋다.
[B] 1. 그들은 해외 부서를 담당하고 있다.
    2. 평화가 찾아왔지만 그 과정에서 많은 형제들이 죽었다. blood는 피가 같은 사람들을 가리킨다.
[C] 1. blood   2-3. guts   4. stomach   5. hand   6. heart   7. tongue
    8-10 body   11. hand

❏ UNIT 5 그릇

[A] 1. pushed/drove   2. entered   3. contained   4. full
[B] 영어 동사 contain, explode, reside를 통해 영어 원어민은 섹스를 그릇으로 보고 있다.

❏ UNIT 6 마술

1. pressure   2. pressure   3. pressured   4. pushed   5. hauled/pulled
6. squeezed   7. dragged   8. pressing

❏ UNIT 7 보기

[A] 1은 open, 2는 mask, 3은 highlights, 그리고 4는 faintest이다.
[B] 1. 나는 바로 그 사람을 간파했다(알았다). 나는 그가 거짓말을 하고 있는 것을 알았다.
    2. 나는 그들이 다음에 무엇을 할지에 대해 잘 모른다.

❏ UNIT 8 기계

[A] 1. forged   2. tool   3. tools
[B] 1. 당신은 지금 일을 원활히 진행시켜야만 한다.
    2. 우리는 마지막 공격을 준비할 필요가 있다.
    3. 그 여자는 공공 관련 캠페인을 시작했다.

❏ UNIT 9 불

[A] 1. '비난받다'는 의미가 들어가야 하기 때문에 fire를 쓴다
    2. '압력'에는 heat   3. '인기있는'의 단어가 들어가야 하기 때문에 hottest
[B] 섹스를 불/열(sex is heat)로 보고 있다.
[C] 1. collar   2. explosion   3. blew   4. contain   5. top   6. outburst
    7. fuse/a gasket   8. ballistic   9. erupted

❏ UNIT 10 전쟁

[A] explode   ambush   siege   truce   bomb

[B] 1. 누구를 임명할지에 대해 그들은 의견이 충돌했다.
    2. 재치의 승리였다.
    3. 우리는 그 계획에 대해 평의회와 싸웠다.
    4. 나는 전에 그들과 싸웠다.

❏ UNIT 11 병원

[A] paralysed ailing fatal rash contagious fever prognosis disease
[B] 1. deadly   2. fatal   3. fatal   4. healthy   5. healthy   6. rashly   7. hurt
    8. pain   9. pain   10. hurts

❏ UNIT 12 컴퓨터

1. gold dirt   2. scratch   3. goldmine   4. dig up / turn up   5. scent
6. sniffing   7. unturned   8. mine

❏ UNIT 13 동물

[A] 1. bear   2. bear   3. pig   4. hounded   5. bitched   6. beast
[B] 1. 많은 사람들이 계속해서 오고 있다.
    2. 수업 시작 전 15분 동안 모든 사람들이 몰려들었다.

❏ UNIT 14 식물

1. go   2. rooted   3. take   4. seeds   5. branches   6. put   7. stems
8. budding   9. apple   10. mushrooming   11. clover   12. potato
13. fruitful   14. stem   15. fertile   16. fruitful   17. fertilization

❏ UNIT 15 빌딩

[A] 1. glass ceiling : (취직 혹은 승진)보이지 않는 장벽
    2. ivory tower : 상아탑
    3. brick wall : 장벽
    4. back door : 부정한 방법
    5. key feature : 가장 중요한 특징

[B] 1. build up   2. bridges   3. build   4. constructed
    5. foundation   6. collapsed / fell apart
[C] 1. construct   2. ceiling   3. door   4. door   5. ruin   5. ruin

❏ UNIT 16 시간

[A] 1. gobble up / devour   2. starved 3. scraps
[B] 시간의 흐름은 누가나 피할 수 없는 것으로 보기 때문에 1에서 시간은 추격자로 보고 있다. 2에서는 시간이 흐르면서 모든 만물이 성숙되어가기 때문에 시간을 거두어들이는 것으로 보고 있다. 시간이 이미지화 되는 다양한 경우를 보면서 잠시 쉬어가자.

    1. Time has stolen my youth.
        시간이 내 젊음을 도둑질했다.
        Work has stolen my youth.
        내 젊은 시절은 일로 보냈다.
    1에서 시간을 도둑(time is a thief)으로 보고 있다.

    우리는 세월이 지나면 모든 것을 해결해준다고 본다. 그래서 영어는 시간을 평가자(evaluator)로 보고 있다.

    2. Time! the Corrector where our judgement err.
        시간이여! 우리의 잘못된 판단을 고치는 자여.
                [바이런: 치일드 헤럴드의 방랑에서 인용]

❏ UNIT 17 비행

dipped   plummeted   plunging   climbed

❏ UNIT 18 도박

horse   race   play   ball   cards   cards   cards   trump   dice   bets

❏ UNIT 19 날씨

[A] prevailing + winds, view, climate, opinion, mood
    to cloud + the issue, the horizon, her judgement, her thinking
    the winds of + change, democracy, discontent, fear, recession
    a frosty + reception, look, glance, response
    a hail of + bullets, gunfire, abuse, missile, insults
[B] 1. tepid 2. cold 3. washout 4. hot and cold 5. bright 6. bright
    7. shadows 8. shining

❏ UNIT 20 이미지가 중요하다

책임을 지는 것은 어떤 것을 이동(carrying)하는 이미지이다. 문제에 책임을 지는 것은 무거운 짐에 비교된다.

참고문헌

필자가 이 책을 집필하면서 참고했던 단행본, (석)박사 논문, 그리고 유명 영어 학술 저널지에 실린 논문은 다음과 같다.

Barcelona, A. 1995. Metaphorical models of romantic love in Romeo and Juliet. *Journal of Pragmatics*, 24-6.

Barcelona, A. 2000. *Metaphor and metonymy at the Crossroads: A Cognitive Perspective*. Berlin/New York: Mouton de Gruyter.

Barcelona, A. 2000. Clarifying and applying the notions of metaphor and metonymy within cognitive linguistic: An update. In Dirven R. and Porings R. eds, *Metaphor and metonymy in Conceptual and Contrast*. Berlin/New York: Mouton de Gruyter.

Borers, F. 1999. When a bodily source domain becomes prominent. In *Metaphor in Cognitive Linguistics*, In Gibbs and Steen eds, 47-56. Amsterdam: John Benjamins.

Brokal, M. 1994. *Idioms for Every Use*. NTC Publishing Group.

Brugman, c. 1990. What is the invariance hypothesis? *Cognitive Linguistics* I : 257-266.

Cacciari, C. 1993. *Idioms: Processing, Structure, and Interpretation*. Hillsdale, NJ : Lawrence Erlbaum Associates.

Cameron, L. and Graham L. 1999a. *Researching and Applying Metaphor*. Cambridge: Cambridge University Press.

Cameron, L. and Graham L. 1999b. Metaphor. *Languaging Teaching* 32: 77-96.

Carter, R. and McCarthy, M. 1988. *Vocabulary and Language Teaching*. London: Longman.

Cooper, D E. 1986. *Metaphor*. Oxford: Basil Blackwell.

Croft, William. 1993. The role of domains in the interpretation of metaphors and metonymies. *Cognitive Linguistics* 4-4 : 335-370.

Croft, William. 2002. the role of domains in the interpretation of metaphors and metonymies. In Dirven R. and Porings R. eds, *Metaphor and metonymy in Conceptual and Contrast*. Berlin/New York: Mouton de Gruyter. 161-206.

Deignam, A. 1995. *Metaphor*. Harper Collins Publishers.

Dirven, R. 1985. Metaphor as a means for extending the lexicon. In Paprottee W and Dirven, R eds., *The Ubiquity of Metaphor : Metaphor in Language and thought*. Amsterdam: John Benjamins. 85-120.

Dirven, R. 1999. Conversion as a Conceptual Metonymyof Event Schemata. In Klaus-Uwe-Grunter Radden eds., *Metonymy in language and thought*. Amsterdam: John Benjamins.

Dirven, R and Porings, R. 2002. *Metaphor and metonymy in Conceptual and Contrast*. Berlin/New York: Mouton

Feare, R.E. 1996. *Everyday Idioms*. Longman.

Fillmore, C. J. and Kay, P and O'Connor, M.C. 1988. Regularity and idiomaticity in grammatical constructions: the case of let alone, *Language*, 64/3, 501-38.

Gauconnier, G. 1997. *Mappings in Thought and Language*. Cambridge : Cambridge University Press.

Feyaert, K. 1999. Refining the Inheritance Hypothesis: Interaction between metaphoric and metonymic hierachies. *Metaphor and metonymy at the Crossroads: A Cognitive Perspective*. Berlin/New York: Mouton de Gruyter.

Feyaert, K. 2000. Metonymy hierarchies: the conceptualization of Stupidity in German Idiomatic Expression. In Klaus-Uwe-Grunter Radden eds., *Metonymy in language and thought*. Amsterdam: John Benjamins.

Forceville, C. 1996. *Pictorial Metaphor in Advertising*. London: Routledge.

Freeman. M. H. 1995. Metaphor making meaning: Dickinson's conceptual universe. *Journal of Pragmatics* 24 : 689-7-8.

Freeman. M. H. 2000. Poetry and the scope of metaphor: Toward a cognitive theory of metaphor. *Metaphor and metonymy at the Crossroads*: A Cognitive Perspective. Berlin/New York: Mouton de Gruyter. 253-281.

Gibbs, R.W. 1990. Psycholinguistic studies on the conceptual basis of idiomaticity. *Cognitive Linguistic* 1, 417-451. Berlin; New York. Mounton de Gruyter.

Gibbs, R.W. 1999a. Taking metaphor of our heads and putting it into the cultural world. *Metaphor in Cognitive Linguistic*, Amsterdam: John Benjamins. 145-166.

Gibbs, R.W. 2000. Speaking and Thinking with Metonymy. In Klaus-Uwe-Grunter Radden eds., *Metonymy in language and thought*. Amsterdam: John Benjamins. 61-76.

Gibbs, R.W. Brien, J. O. 1990. Idioms and mental imagery: The metaphorical motivation for idiomatic meaning. *Cognition* 36: 35 - 68.

Gibbs, R.W. Dinara and Harrington and Snaders. 1994. Taking a stand on the meanings of stand: Bodily experience as motivation for polysemy. *Journal of Semantics* 11: 231-251.

Gibbs, R.W. and Steen. 1999. *Metaphor in Cognitive Linguistics*. Amsterdam: John Benjamins.

Giora, R. 1997. *The language of Metaphors*. London: Routledge.

Goosens, Louis. 1995. Mataphotonymy: The Interaction Metaphor and Metonymy in Figurative Expressions for Linguistic Action, In. Goosen ed., *By Word of Mouth: Metaphor, Metonymy and Linguistic Action in cognitive Perspective*. Amsterdam: John Benjamins. 159-174.

Goosens, Louis. 2002. Metaphtonymy: The interaction of metaphor and metonymy in expressions for linguistic action. In. Dirven, Rene and Porings Ralf eds., *Metaphor and Metonymy in Conceptual and Contrast*. Berlin/New York: Mounton De Gruyter.

Grady, J. E. 1997a. *Foundations of Meaning: Primary Metaphor and Primary Scenes*. Doctoral Dissertation: University of California, Berkeley.

Grady, J. E. 1997b. THEORIES ARE BUILDING revisited. *Cognitive Linguistics* 8 : 267-290.

Hilferty, J. 1996. Through as a means of metaphor. *Issue in Cognitive Linguistics*. 347-365.

Johnson, M. 1987. *The Body in the Mind: the Bodily Basis of Meaning, Imagination, and Reason*. Chicago and London: University of Chicago Press.

Kittay. 1987. *Metaphor: its Cognitive force and Linguistics Structure*. Oxford: Oxford University Press.

Kovecses, Z. 1995. American friendship and the scope of metaphor. *Cognitive Linguistics* 4, 315-346.

Kovecses, Z. 2000. *Metaphor and Emotion: Language, Culture, and Body in Human Feeling*. Cambridge: Cambridge University Press.

Kovecses, Z. 2002. *Metaphor: a practical introduction*. Oxford University Press.

Lakoff, G. 1987. *Women, Fire, and Dangerous Things*. Chicago and London : University of Chicago Press.

Lakoff, G. 1990. The invariance hypothesis: Is abstract reason on image schemas? *Cognitive Linguistics* 1-1, 39-74.

Lakoff, G. and Johnson, M. 1980. *Metaphor we live by*. Chicago and London:University of chicago Press.

Lakoff, G. and Turner, M. 1989. *More than cool reason*. Chicago and London: University of chicago Press.

Levin, S R. 1977. *The Semantics of Metaphor*. Baltimore: Johns Hopkins University Press.

Niemeier, S. 2000. Straight from the heart-metonymic and metaphorical exploration. *Metaphor and metonymy at the Crossroads*: A Cognitive Perspective. Berlin/New York: Mouton de Gruyter.

Ortony, A. 1993. *Metaphor and thought*. Cambridge: Cambridge University Press.
Panther, Uwe, and Radden. 1999. *Metonymy in language and thought*. Amsterdam: John Benjamins.
Radden, G. 1993. Spatial metaphor underlying prepositions of casuality. In Stadler eds., *Issue in Cognitive Linguistics*. 177-207.
Radden, G. 1998. The conceptualization of emotional casuality by means of prepositional phrase. *Speaking of Emotions*. Berline: Mouton de Gruter.
Radden, G. 2000. How metonymic are metaphor? Berline: Mouton de Gruter. *Metaphor and metonymy at the Crossroads*: A Cognitive Perspective.
Radden, G. and Kovecses. 1999. Towards a theory of metonymy. In. *Metonymy in language and thought*. Amsterdam: John Benjamins.
Reddy, M. j. 1979. The conduit metaphor - A case of frame conflict in our language about language. In Ortony, A. eds.. *Metaphor and thought*. Cambridge: Cambridge University Press.
Riemier, N. 2002. When is a metonymy no longer a metonymy? *Metaphor and Metonymy in Conceptual and Contrast*. Berlin/New York : Mounton De Gruyter. 379-406.
Rohrer, T. 1997. Concepts Blending on the Information Highway: how metaphorical inference work. In. Liebrt eds., *Discourse and Perspective in Cognitive Linguistics*. Amsterdam: John Benjamins. 185-204.
Rudzka-Ostyn, Brygida. 1988. Semantic Extension into the Domain of verbal communication. *Topic in cognitive linguistics*. Amsterdam: John Benjamins. 507-533.
Rudzka-Ostyn, Brygida. 1995. metaphor, Schema, Invariance. In. Goosen eds., *By Word of Mouth*. Amsterdam : John Benjamins. 1-34.
Rudzka-Ostyn, Brygida (ed). 1988. *Topics in Cognitive Linguistics*. Amsterdam: John Benjamins.
Saeed, J. 1997. *Semantics*. Oxford: Blackwell Publishers Inc.
Taub, S. 1996. How productive are metaphor? *Conceptual Structure, Grammar, and Discourse*. Stanford: CSLI Publication, 449-462.
Ungerer F and Schimid Hans- Jorg. 1996. *An Introduction to cognitive linguistics*. London: Longman.
Warren, B. 2002. An alternative account of the interpretation of reference metonymy and metaphor. *Metaphor and metonymy in Conceptual and Contrast*. Berlin/New York: Mouton. 113-132.

윤 재 성

□ 학력
　연세대학교 문과대학 영어 영문학과 졸업
　연세대학교 영어영문학과 대학원 석사졸업(영어학 석사)
　연세대학교 영어영문학과 박사 졸업, 문학박사 : 전공(영어학)
　(현) 연세대학교, 건국대학교 영문과 강사

□ 저서
　영단어에도 짝이 있다(제일어학)
　TOEIC 시험에 꼭 나오는 영단어(제일어학)
　테마별로 읽는 영어 전치사(한국문화사)
　테마별로 읽는 영어 동사(한국문화사)
　쉽게 뚝딱 끝내는 영문법(선학사)
　한번 읽어 끝내는 영단어와 숙어(도서출판 동인)
　Well-Being TOEIC(도서출판 도리)

□ 논문
　'괄호 매김 역설(bracketing paradox)에 관하여'와
　'영어전치사 through의 분석'외 다수

이미지를 알면 영단어가 보인다

　_초판 인쇄 / 2005년 1월 10일
　_초판 발행 / 2005년 1월 15일

　_지은이 / 윤재성
　_펴낸이 / 이순희
　_펴낸곳 / 제일법규 (제일어학)
　_등　록 / 1993년 4월 1일　제21-429호

　_주소 / 서울시 서초구 방배동 537의 39
　_전화 / (02) 523-1657, 597-1088
　_팩스 / (02) 597-6464

　값 9,000 원
　∴ 잘못 만들어진 책은 바꿔드립니다.

　ISBN 89-5621-032-2　13740